Conversas com Mario Levrero

conversas com mario levrero

Pablo Silva Olazábal

Tradução de Gabriela Petit

Porto Alegre, RS
2024

© Pablo Silva Olazábal, 2005.
© Editora Coragem, 2024.

Título original: *Conversaciones con Mario Levrero.*

A reprodução e propagação sem fins comerciais do conteúdo desta publicação, parcial ou total, não somente é permitida como também é encorajada por nossos editores, desde que citadas as fontes.

www.editoracoragem.com.br
contato@editoracoragem.com.br
(51) 98014.2709

Produção editorial: Thomás Daniel Vieira.
Preparação e revisão de texto: Fabio B. Pinto.
Tradução: Gabriela Petit.
Arte da capa: Cintia Belloc.
Coordenação: Camila Costa Silva.

Porto Alegre, Rio Grande do Sul.
Outono de 2024.

Dados Internacionais de Catalogação na Publicação (CIP)

O42c   Olazábal, Pablo Silva
Conversas com Mario Levrero / Pablo Silva Olazábal; tradução de Gabriela Petit. – Porto Alegre: Coragem, 2024.
236 p.

Título original: Conversaciones con Mario Levrero
ISBN: 978-65-85243-14-8

1. Levrero, Mario. 2. Literatura uruguaia. 3. Escritor uruguaio. 4. Contos – Literatura uruguaia. 5. Entrevista. 6. Processo criativo. 7. Criação literária. I. Levrero, Mario. II. Petit, Gabriela. III. Título.

CDU: 860(899)

Bibliotecária responsável: Jacira Gil Bernardes – CRB 10/463

À trupe levreriana, a atual e a que virá.

Sumário

Um surrealista manso, um Kafka sem tragédia   11
    por Luís Augusto Fischer
Pré-história de uma entrevista   19
Conversas   23
    "Escreve-se a partir de vivências"   25
    "A estrutura do conto é igual à da piada"   39
    "Tenho muitos amigos que não conseguem ler textos meus"   45
    "A literatura tem o dom de gerar culpa"   57
    "Sempre considerei El lugar um romance um tanto desprezível"   81
    "Escrevi as coisas literárias com total liberdade"   87
    "Deve-se escrever quando se sente a necessidade"   105

"Aquilo que não está um texto, para mim
não existe" 113

"Adoro trabalhar com sonhos alheios" 119

"Muitas pessoas me recriminam por esbravejar
coisas incisivas e lapidárias" 125

Carta a um editor chileno 135

Carta a editores argentinos 147

Carta a um editor brasileiro 157

Anexos 171

Mario Levrero: o labirinto da personalidade 173

por Álvaro Matus

Levrero e os pássaros 191

por Ignacio Echevarría

Raridades 205

Últimas conversas com Levrero 211

com Christian Arán Fernández

Mario Levrero 233

Um surrealista manso, um Kafka sem tragédia

por Luís Augusto Fischer

O senhor conhece a obra de Mario Levrero? E a senhora?

Não, igualmente?

Não se preocupe o senhor, nem se incomode a senhora. Ele não esteve em nenhuma lista de mais procurados, mais vendidos, dos mais na moda, em nenhum momento. Não tinha idade nem volume de obra para ter participado do "boom" da literatura hispano-americana, na segunda metade dos anos 1960 (García Márquez, Vargas Llosa, Julio Cortázar, José Donoso e outros eram todos mais velhos que ele). Além disso, ele nada tinha de exótico (aos olhos europeus) ou de vanguardista (segundo a regra parisiense) a ponto de ter o charme inicial que fez aqueles escritores despertarem interesse midiático.

E até pelo contrário: fã de literatura policial e de ficção científica, estilos vulgares e massivos de arte, Levrero ainda mergulhou sem medo no mundo da escrita de mercado, como se pode ver claramente nas palavras cruzadas que vendeu e lhe garantiram a grana para pagar as despesas por algum tempo. Foi também livreiro de livros usados, publicou um improvável *Manual de parapsicologia*, ensaiou carreira como cineasta e fotógrafo, foi editor de revista mundana. Nada perto do charme literário aristocrático que costuma cercar as grandes figuras.

Para completar, em sua literatura não há o sentido metafísico requintado de um Borges, nem o tormento dostoievskiano de seu conterrâneo Onetti; não se entra em contato com mundos primitivos como os de García Márquez, nem se faz uma crítica organizada do mundo em romances como os de Vargas Llosa, nem se enrosca em criações sutis e elegantes como as de Cortázar.

Quem lê Mario Levrero está – se me permitem a comparação – como aquele reflexivo Alberto Caeiro, uma das vozes do Fernando Pessoa, no poema "O Tejo é mais belo que o rio que passa na minha aldeia". Lembra?

O poeta argumenta que o Tejo é mais belo que o rio que passa na aldeia dele, mas, paradoxalmente, não é mais belo que o rio da aldeia, simplesmente porque o Tejo, o grande rio nacional português, aquele grande rio que vai dar no mar e que levou os navegantes lusos a partirem para a conquista do mundo todo, o Tejo é, enfim, um rio do mundo, um rio de todo mundo. Ao passo que o rio aldeão é só da aldeia. "O rio da minha aldeia não faz pensar em nada. / Quem está ao pé dele está só ao pé dele."

Um surrealista manso, um Kafka sem tragédia

Quem lê Mario Levrero não é conduzido a nenhuma transcendente posição a partir da qual o mundo todo faz sentido. Quem lê Mario Levrero apenas lê sua obra.

(Mas, cá entre nós, o tanto que a gente descobre em si mesmo ao ler *Dejen todo em mis manos*, ou nas suas *Irrupciones*, ou no fabuloso livro derradeiro, *La novela luminosa*...)

Nascido em Montevidéu, Uruguai, Jorge Mario Varlotta Levrero viveu entre 1940 e 2004. Publicou mais de vinte livros, entre narrativas longas e curtas, histórias em quadrinhos, roteiros e palavras cruzadas. Viveu basicamente em sua cidade natal, com períodos passados em outras cidades uruguaias, Buenos Aires e Rosário, na Argentina, e em Bordeaux, na França.

Nos últimos anos de vida, Levrero conduziu uma relativamente prestigiada oficina de criação literária. E foi nesse momento que entrou em contato com ele Pablo Silva Olazábal, que foi pacienciosamente conversando com o invulgar mestre e colecionando as impressões, convicções e histórias, tanto as vividas quanto as imaginadas, que resultaram no livro que agora se publica.

Aqui, por exemplo, aparece a teoria – nunca defendida como uma teoria literária, jamais apresentada com qualquer solenidade, mas sempre relatada com a verdade da convicção – da arte como hipnose. Uma explicação peculiar para o estado mental, ou psicológico, ou emocional, ou tudo isso junto, que acontece na hora em que a faísca da arte atinge um cidadão. Levrero não envereda por qualquer dimensão sociológica, nem por uma trilha estritamente psicanalítica, ao apresentar a ideia; ele simplesmente compartilha com seu interlocutor, e agora com o agudo leitor e a atenta leitora, uma percepção sua. Não ensina: relata; não doutrina: expõe; não defende: postula.

Assim como esta, muitas outras percepções e experiências acumuladas em anos de uma intensa vida interior vão aparecendo nesses diálogos, de forma agradável justamente porque o escritor não pretende nada além de pensar e sentir. Se será uma leitura apreciável, válida? A resposta é: depende.

Depende do seguinte. (Dou exemplos para ver se me aproximo da resposta.) Levrero conta lisamente que não tem qualquer problema em abandonar a leitura de um James Joyce em favor do mais vulgar dos romances policiais: o prazer de se entregar a um momento de prazer vale a dispensa do totem vanguardista.

Outro caso: ele conta, em passagem notável, que em seu primeiro romance tentou deliberadamente imitar Kafka. Aliás, uma das formas de nos aproximar de sua literatura pelo lado conceitual é considerá-lo um Kafka sem o fundo abissal do grande escritor judeu-tcheco: naquele bastidor onde repousa a intensa mas apenas insinuada tragédia humana a que a obra kafkiana dá voz, Levrero coloca uma camada de autodeboche, o que gera um riso triste de canto de boca.

Mas triste discretamente. Ah, claro, me veio outra comparação, que aliás aparece neste exato livro que o leitor está prestes a ler, se é que já não começou: Levrero prefere ostensivamente Buster Keaton a Charles Chaplin. Entende como é? Nada daquele emocionalismo algo apelativo de Chaplin: em lugar dele, o riso triste, o riso bloqueado, o riso apenas cerebral que acomete o espectador ao ver a cara imóvel, a cara de jogador de pôquer dos personagens de

Keaton, um cômico que sempre atuava com a mesma face em ponto morto.

Quem me orientou na vida a conhecer Buster Keaton foi Ivan Lessa; quem me deu o toque para ler Levrero foi Leo Maslíah, com intermediação do Arthur de Faria. (Leo Maslíah é outro gênio uruguaio, uma figura da música e da literatura – procure no youtube e depois me diga – que não cabe em nenhuma definição elementar dos valores musicais e literários convencionais.)

Ao dizer esses nomes ofereço, de coração, ao prezado leitor e à distinta leitora, outros pontos cardeais do mapa mental e afetivo que organiza a minha rota para a obra de Levrero.

Ofereço meu singelo testemunho do quanto a gente pode aprender dessa figura que nada quer ensinar, desse surrealista manso, desse maluco pacífico, desse grande e estranho escritor chamado Mario Levrero.

Janeiro de 2024.

> *"É bem mais honesto enganar o leitor com a cumplicidade do leitor; oferecer-lhe devaneios que ele possa incorporar a sua experiência de vida, expandir seu universo ao invés de reduzi-lo e enquadrá-lo. Por sinal, não se trata de enganar, e sim de mostrar a própria verdade, a verdade de uma experiência interior que não tem signos pré-estabelecidos. Precisamos falar daquilo que não se pode falar, criar uma mentira que diga a verdade."*
>
> Mario Levrero, 29 de julho de 2002

Pré-história de uma entrevista

Conheci Mario Levrero lendo um conto seu nos *Cuadernos de Marcha*[1], na Espanha. O nome do conto era "La casa de pensión" e eu fiquei totalmente impressionado com esse autor, mas, acima de tudo, achei muito simpático. Quinze anos mais tarde me inscrevi na primeira oficina virtual que Jorge Mario Varlotta Levrero coordenou via e-mail. Foi então que comecei um relacionamento epistolar que se manteve até sua morte e que se transformou na base deste livro.

É importante esclarecer que não fiz parte do seu círculo de amigos íntimos, nem participei nas oficinas presenciais em que alguns outros alunos o acompanharam durante anos. Estivemos, de fato, cara a cara, uma dúzia de vezes, no máximo. O nosso foi um relacionamento baseado

---

1. Revista mensal uruguaia fundada em 1967 pelo advogado e ensaísta Carlos Quijano (1900-1984), ligada ao semanário *Marcha* (1939-1974), também fundado por Quijano. [N. do R.]

no interesse por escrever e aprender literatura (se é que se aprende). Basicamente, foi um relacionamento escrito.

Entre 2000 e 2004, o assediei com perguntas com as quais procurava conhecer a chave da sua concepção literária e artística, seus gostos, desgostos, manias, seu jeito de ver o mundo e a vida, e um longo e denso etcétera. Encontra-se, a seguir, um compêndio de uma correspondência que, na sua totalidade, conta com mais de trezentas páginas e que, com o fim de excluir comentários circunstanciais, reduzi a menos de um terço. O critério para selecionar os fragmentos foi incluir tudo aquilo que contribuísse para a expressão do pensamento e das concepções estéticas de Levrero. Se um comentário gerava uma resposta relevante, merecia ser incluído. Digo isso para justificar a presença de comentários e opiniões muito pessoais, pois, para compreender cabalmente uma resposta, é necessário conhecer tudo aquilo que a motivou. O diálogo é apresentado em forma de entrevista, seguindo o método utilizado no ano 2000, quando publiquei na revista cultural do jornal *El País* (Montevidéu, 27/10/00, pp. 10-11) o resumo das conversas mantidas até então. Levrero qualificou aquele trabalho em três palavras: "me satisfaz plenamente".

É possível que a experiência dessa entrevista para alguém tão sensível e inteligente como ele tenha condicionado as conversas que mantivemos posteriormente, durante anos. Ele certamente deve ter percebido que, mais cedo ou mais tarde, as cartas que trocávamos integrariam outra entrevista, mais ampla e geral, abrangendo não apenas seus pontos de vista sobre a escrita, mas também sobre a arte e a vida. Seja como for, cabe assinalar que algumas vezes tive a impressão de existir "uma terceira pessoa" em nosso diálogo, um terceiro ausente.

Para melhor entendimento, dividi o trabalho em 10 capítulos, mencionando no início de cada um desses capítulos os assuntos tratados. Por último, um esclarecimento desnecessário: não há, no presente trabalho, aspiração alguma à exclusividade de ter "la justa" – isto é, a verdade revelada – de um pensamento tão rico e complexo como o de Levrero. É possível que na extensíssima rede de correspondências que ele escreveu nos seus últimos anos haja material (conceitual, artístico, vivencial) diferente deste, entre outras razões, porque ninguém fala da mesma maneira para todas as pessoas.

No presente livro, as palavras de Mario surgem no contexto de uma correspondência pessoal; isto quer dizer que o tom que ele usa não é exatamente o mesmo que emprega com a imprensa. Na mencionada experiência do *El País Cultural*, Mario exigiu que fosse especificado o contexto epistolar em que tinha sido realizada a entrevista, e isso explicava o tom informal – "grosseiro", segundo ele – usado nas respostas.

Como prova de tudo o que foi dito – isto é, que este livro não é a "voz" exclusiva de Mario –, e porque acho perfeito, incluo, antes de começar, um excerto de uma mensagem que ele enviou a outra aluna da sua oficina virtual, a escritora Cristina Vázquez, que funciona como uma lúcida declaração de princípios das suas concepções estéticas:

"É razoável um cão? É razoável um menino? É razoável um ser humano?

É razoável a vida? Por que um autor deve explicar um texto se não temos respostas para as perguntas mais singelas?

Quem olha para uma pintura e acha que a entende porque reconhece um sapato, se o pintor pintou um sapato, talvez diga que não entende a arte abstrata. Mas não há nenhuma pintura, nenhuma manifestação artística que deva ser entendida. A arte é para ser incorporada na tua vida como uma experiência mais.

Não quero dizer que um texto deva ser incoerente (apesar de que escrever um texto incoerente é uma das orientações avançadas nas minhas oficinas; você precisa ver quanto os alunos adoram vencer as resistências e aceitar ser alógicos, e quanto isso é útil para abrir caminho no seu estilo e também em outros aspectos). Mas, é razoável Kafka? É razoável Joyce? Há algum autor não medíocre que seja razoável? Claro, os professores podem explicar muitas coisas desses textos não razoáveis, mas isso não explica o texto em si, esse milagre, e, além disso, ao tentarem explicar, não o contemplam nem o integram como experiência pessoal, nem lhes serve para nada – exceto para ganhar um salário deformando alunos.

As perguntas existenciais não têm resposta racional (veja "Do sentimento trágico da vida", de Unamuno[2]) que não seja enganosa. A graça é criar a partir dessa tragédia."

Mario Levrero, mensagem enviada em 29/07/2002.

Então, concluído o preâmbulo, passemos à ação.
Pablo Silva Olazábal

---

2. Miguel de Unamuno (1864-1963), escritor e filósofo espanhol. [N. do R.]

CONVERSAS

"Escreve-se a partir de vivências"

Técnicas de escrita.
Arte poética.

Que papel você atribui às técnicas na escrita literária? E ao enredo?

Na minha opinião, diria que o mais importante, talvez a única coisa que importa, na literatura, é escrever com a maior liberdade possível. Em todo caso, podem ser usadas técnicas para corrigir, mas jamais para escrever. Ainda que, na prática, sempre se usem técnicas, são técnicas próprias que a gente vai descobrindo, ou criando, enquanto escreve. Se você usa técnicas aprendidas, serão aprendidas de outros; assim você nunca vai escrever com um estilo pessoal, isto é, não irão te reconhecer, por melhor que o texto esteja escrito.

Quando o autor sabe demais a respeito do argumento, às vezes tem pressa para contar, e a literatura vai ficando pelo caminho. A literatura propriamente dita é imagem. Não quero dizer que tenha que evitar cavilações, filosofias, etcétera, mas isso não é o essencial da literatura. Um romance, ou qualquer outro texto, pode conciliar vários usos da palavra. Mas, se formos à essência, aquilo que encanta e prende o leitor, e o mantém lendo, é o argumento, contado por meio de imagens. Com estilo, obviamente, mas sempre vinculado à sua imaginação.

Nessa ênfase na imagem não há o risco de cair em uma espécie de "descricionismo"? De primar somente pela imagem?

Eu acho que não falei de descrições; costumam me causar um tédio mortal. Falei de imagens, e as imagens não se contrapõem à ação, elas a contam da melhor maneira. Não é a mesma coisa dizer: deu-lhe um baita soco, que dizer: o punho bateu contra a carne macia esmagando-a até ouvir-se o estalo do osso.

Também não disse que um relato deve consistir exclusivamente em imagens, e sim que isso seja a essência; mas com frequência a essência pura é desagradável, como, por exemplo, a baunilha. Se é misturada em uma bebida, desce muito melhor. Insisto nas imagens porque é a grande falha da nossa literatura; todos somos retóricos, todos dizemos a verdade exata, todos sabemos como resolver os problemas do país, todos estamos ávidos para mostrar nossa visão de mundo, todos queremos expor nossos sentimentos (oh, aqueles que escrevem poemas cheios de abstrações: estou triste, que mal me sinto, o mundo é terrível). Do ponto de vista literário não dizem nada, nada mesmo; o leitor simplesmente se sente entediado. Enquanto isso, a literatura fica pelo caminho; o leitor se distrai e a literatura nacional enfraquece e morre.

Se você olhar para os grandes, Felisberto[3], por exemplo, vai lembrar, sem dúvida, de quando levantava as saias dos móveis, ou da velha que tomava chimarrão passando a bomba por um buraco do tule. São imagens. Vá ao quarto capítulo de *A vida breve* de Onetti[4], chama-se "Naturaleza muerta", ele é cem por cento descritivo, um dos fragmentos mais notáveis da nossa literatura. Sem ação, sem personagens, sem invenção; apenas imagens.

Como conseguir o equilíbrio adequado entre imagens e descrições para que não entorpeça o desenvolvimento do enredo?

É fácil. Precisa conferir – na hora de corrigir, não na hora de escrever; quando se escreve é necessário se soltar, que nada iniba esse ato – se a descrição é necessária para a ação que está sendo narrada. Isso vai mostrar o lugar adequado. Depois, você deve observar se não há descrições demais, sem nada de ação, é aí que se chega na proporção certa. Quando, depois de um tempo, você lê um texto seu (nunca antes de, digamos, um mês), se houver excesso de descrições você logo percebe, porque se aborrece.

---

3. Felisberto Hernández (1902-1964), escritor e pianista uruguaio, autor da novela *Las Hortensias* (1940), entre outros textos. A primeira versão brasileira de seu livro de contos *Nadie encendía las lámparas* (1947) foi publicada em 2023 pela Editora Coragem, com tradução de Hugo Lorenzetti Netto e Laura Rossini dos Santos. [N. do R]

4. *La vida breve* (1950), romance do escritor uruguaio Juan Carlos Onetti (1909-1914). [N. do R.]

Quando você considera que um relato não é verossímil?

Quando não está bem resolvido. Essas expressões – verossímil e "bem resolvido" – são quase sinônimos. Quando falo que algo não é verossímil quero dizer que, como leitor, não acredito nele. E eu posso afirmar que quando a leitura me deixa encantado (me hipnotiza, digo) sou muito crédulo. O texto ideal seria aquele em que o leitor perde de vista o fato de estar lendo e acha que essas coisas que são transmitidas a seu cérebro estão realmente acontecendo. Assim, poderá haver extraterrestres, fantasmas, anões multicoloridos, desde que nesse momento o leitor acredite neles porque o autor o persuadiu. A verossimilhança significa, então, nesse contexto, "persuasão".

Minha oficina indica o uso da imaginação, NÃO a invenção, pois isso não é essencial para a literatura, e sim para expressar, por meio de palavras, imagens vividas interiormente, "vistas" na mente.

Como você elabora o início dos textos? Às vezes parece difícil realizar um bom começo, que "prenda" o leitor e seja coerente com a obra...

Não sei por que, mas quase sempre preciso refazer os começos dos meus contos. É possível que, ao começar algo, a gente carregue o estilo de textos anteriores, ou o modo de dizer, mas acontece que cada relato tem o seu próprio estilo; é um bloco, vai junto com o argumento e tudo mais. Mas a gente tenta fazer aquilo que sabe, ou o que fez bem na vez anterior, e começa com isso. Depois a gente vai batendo com o conto existente, na medida em que vai descobrindo-o e trazendo-o à tona, e então começa a ajustá-lo, a escutar melhor o que ele tem dentro.

O que é isso de "cada relato é um bloco, que tem seu próprio estilo"? Me lembra aquilo que falava Michelangelo, de que se limitava a retirar do bloco o mármore excedente.

Você sabe que a percepção não é objetiva nem mecânica; quando observo algo, estou projetando muito, ou tudo, de mim sobre o objeto. Do mesmo bloco de mármore, Michelangelo tiraria certas coisas, eu outras, e você outras, diferentes. O diálogo que a gente estabelece com o objeto não é um diálogo, mas um monólogo narcisista. Acho que, se analisarmos isso, é muito fácil de entender. Qualquer coisa que você narrar, estará resgatando-a dessa forma de perceber(se). E é aí que aparece o estilo pessoal; por isso faço questão que os alunos da minha oficina encarem a si mesmos, que experimentem com a percepção.

Quer dizer que alguém pode ser barroco em um texto e clássico no texto seguinte? (essa pergunta, algo retórica, pode ser reformulada substituindo a palavra "clássico" por: panfleto, literatura "comprometida", história policial, conto infantil etc, etc... e etcétera).

Aí você está misturando o que é estilo pessoal com as formas do estilo que certa obra assume e o conteúdo, que nada tem a ver com o estilo. Por exemplo, um panfleto tem uma forma predefinida, e os estilos pessoais pouco podem fugir dessa forma e deixar uma impressão estética. Na literatura "comprometida", em geral, a literatura está ausente; precisa de muito espírito para se impor aos ditames de uma ideologia ou de uma percepção formada por uma ideologia. Alguns têm conseguido, acho, mas não tenho certeza.

Quando e como você percebe que um estilo é o mais apropriado, que é o estilo que o tema demanda?

Nos meus textos, percebo isso quando não me sinto naquele estado mágico da escrita inspirada. Não me divirto, não sofro, não fico completamente envolvido com o texto. Isso me acontece quando escrevo regularmente, por necessidade econômica. Utilizo o ofício, utilizo algo de inspiração, mas vejo que o que aparece não é "novo".

Nos textos alheios consigo percebê-lo porque acontece quase a mesma coisa; a leitura pode me entreter, mas não me deslumbra. E isso se observa na facilidade com que a gente consegue prever o que vai acontecer, porque tudo tende a encaixar em um molde. O texto não é algo vivo.

A última coisa que eu li e que me causou uma impressão muito, mas muito forte, como poucas vezes nos últimos anos, foi *Franny e Zooey*, um livro de Salinger[5]. Nele pode se ver, claramente, o que é um texto vivo, um texto inspirado, apesar de um início convencional e que tropeça um pouco, não sei se pela tradução.

Como corrigir, polir e ainda refazer um texto sem perder o entusiasmo no processo?

---

5. *Franny e Zooey* (1961) é o segundo romance do escritor estadunidense J. D. Salinger (1919-2010), autor de *O apanhador no campo de centeio* (*The catcher in the rye*, 1951), entre outros. [N. do R.]

Bom, são três coisas diferentes. Geralmente existe algo comum aos três processos: convém deixar passar um tempo (podem ser dias, semanas ou meses, depende da pessoa) para criar certa distância com o texto e ler o que está escrito, não o que a gente tem em mente.

Quando a gente ainda está sob a sugestão da criatividade, não enxerga o texto como ele é, mas como o tem em mente, e costuma parecer perfeito. Diz respeito a vê-lo como quem olha uma fotografia de si mesmo, que sempre causa pior impressão do que quando a gente se olha no espelho, porque no espelho a gente cria a própria imagem; na foto não. Vejamos:

Correção: é, nem mais nem menos, um trabalho técnico, que pode ser divertido ou não, segundo o estado de espírito de cada um. Mas é mais mecânico: ler o texto procurando rimas, repetições enfadonhas, cacofonias, erratas e coisas do tipo.

Polimento: é preciso ler o texto em um estado muito atento, conferindo se há, em algum momento, algum fator de perturbação na leitura, algo que, embora não seja possível identificar sua causa concreta, a gente "sente" que está errado, alguma coisa pela qual a gente preferiria passar rapidinho. Sublinhar isso e continuar até o final. Depois, dar um jeito em cada caso particular, tentar desvendar por que aquilo não soa bem. Às vezes está relacionado com o que estava sendo dito (aparece alguma incongruência, alguma repetição de palavra etc.) e, às vezes, é algo próprio desse fragmento. Às vezes consultar outra pessoa ajuda.

"Refação", se é que cabe o termo: retirar diretamente o fragmento que não funciona e tentar refazê-lo buscando um clima similar ao do momento da criação. Situar-se na cena e não conservar nada do texto descartado. Refazê-lo completamente, por mais legal que pareça alguma de suas partes, como se fosse a primeira vez, visualizando novamente a cena, a imagem que o originou. Mesma coisa no caso de acrescentar algo no começo, no meio ou no final de um texto. Visualizar sempre a cena antes de escrever.

Algumas vezes basta mudar de lugar o fragmento eliminado, sobretudo em um romance, mas não dá para contar muito com isso.

Até quando corrigir, refazer, polir?

Bom, até ficar razoavelmente satisfeito. Até sentir que dá para publicar. Eu sempre recorro a algum leitor amigo que mereça minha confiança para que ele leia e opine. Às vezes um leitor comum, se for um bom leitor, vai dizer coisas acertadíssimas; com frequência aceito o que dizem. Por regra, nunca publico algo que não tenha sido visto por outros olhos que não os meus.

O que acontece se se perde o entusiasmo no processo de correção, se o texto já não provoca sensações prazerosas ou positivas de jeito nenhum?

Às vezes os textos repousam durante anos... Habitualmente, semanas ou meses. As coisas breves e escritas para o trabalho, como as "Irrupciones"[6], também vou reunindo-as como rascunho e revisando a cada tanto; quanto mais tempo passa

---

6. Coluna semanal que Levrero escreveu por alguns anos em 'Insomnia', suplemento cultural da revista *Postdata*.

entre a escrita e a correção, mais fácil é a correção. E não há nada como a publicação, ou, melhor dito, a iminência da publicação: quando estou por entregar um texto, dou uma olhada e é certo que, bem na última hora, mudo três ou quatro coisas que tinham ficado realmente mal. Não sei se isso acontece com os outros, mas sempre trabalho para mim e com a mente em alguém que vá ler (o amigo leitor, a minha mulher, alguém que esteja à mão); só tomo consciência de que haverá leitores desconhecidos quando estou quase entregando o texto, e aí entra a adrenalina, e as mancadas aparecem sozinhas.

Para a correção funciona outra forma de inspiração, outra parte do cérebro. É claro que não causa a mesma sensação do que escrever, mas é um exercício que me atrai. Também é possível não corrigir; muitos não o fazem. No fim de contas, não é pecado que um texto não seja perfeito.

A leitura em voz alta expõe falhas na redação? García Márquez disse que "escrever é a arte de respirar", de compassar a respiração com o texto.

Sim. E melhor ainda se você grava e depois se escuta lendo o texto. Também há programas que leem o texto no computador. Ainda assim, nem os melhores conseguem diferenciar corretamente entre uma vírgula e um ponto e vírgula, mas isso ajuda a perceber como seria lido por alguém totalmente alheio. Ajuda especialmente a calibrar as pausas. Mas faço questão de não fazer correções importantes antes do relato ter algumas semanas ou meses na gaveta.

Pode o argumento, por exemplo, surgir de uma simples associação de ideias, de um disparate intelectual?

Você precisa tirar da cabeça a ideia de que se escreve a partir da palavra e, sobretudo, a partir da invenção (intelectual). Escreve-se a partir de vivências, que somente podem ser traduzidas mediante imagens.

Que diferença você estabelece entre imaginar e inventar?

No meu sistema de categorias, a imaginação fabrica, constantemente, imagens baseadas em lembranças: exige mais coerência e dá anedotas mais verossímeis; não inventa nada sozinha. A invenção, por sua vez, conecta alguns cabos, intelectualmente, e não se preocupa com a verossimilhança, se contenta em narrar, do jeito que der, o argumento inventado. Também não produz um estilo pessoal: ela tem um parentesco meio distante com a literatura. Aos críticos que se empolgam com um relato desse tipo, no qual prima a engenhosidade, se poderia perguntar o que acontece quando o leem pela segunda vez, pela terceira vez, pela quarta... O bom leitor volta a ler aquilo de que gostou, e aproveita mais nas sucessivas leituras, livre daquilo da engenhosidade e dos golpes de efeito. Isso me acontece também com o cinema; gostaria de não ver um filme pela primeira vez. Só começo a desfrutá-lo a partir da segunda vez.

Qual é o seu critério para intitular um texto?

Sempre uso o mesmo sistema: uma vez terminado o texto, começo a lê-lo, de uma só vez ou aos poucos, procurando algo que ressoe. E sempre encontro o título; no meu caso, está sempre no texto. Embora às vezes me faça de louco; mas, em geral, procuro que seja simples e que eu mesmo possa associá-lo facilmente ao texto.

Gostaria de saber sua opinião a respeito do uso de parênteses e travessões (seriam sinais de insegurança?). Segundo alguns, dificultam a leitura.

Sim, dificultam a leitura. A observação é válida, sobretudo para o jornalismo, que pede um estilo que facilite as coisas para o leitor. Em literatura, facilitar as coisas para o leitor não é mais importante do que expressar, com a maior exatidão possível, aquilo que o autor quer dizer, e, com frequência, fazem falta parênteses e travessões. Alguns autores, como Faulkner[7], usam parênteses que abarcam várias páginas.

O que há com certas regras do "escrever bem"? Coisas como evitar os advérbios terminados em -mente ou não repetir palavras...

Não se trata tanto de evitar os advérbios, e sim de não abusar deles. Formam palavras muito longas, pesadas, e encontrarmos duas ou três em uma mesma frase soa realmente desagradavelmente, verdadeiramente realmente desagradavelmente.

Também costumam formar rimas com muita facilidade, e a rima na prosa me faz saltar, se é que é rima. Por que podem ser usadas palavras consoantes entre si, sem que elas formem necessariamente rima; o problema é quando a

---

7. William Faulkner (1897-1962), escritor estadunidense, autor dos romances *O som e a fúria* (*The sound and the fury*, 1929) e *Palmeiras selvagens* (*Wild palms*, 1939), entre outros. [N. do R.]

consonância é destacada com alguma pontuação ou tem uma localização na frase que a faz aparecer como um versinho; é um problema de métrica + rima. Por outro lado, às vezes reúno esses advérbios de propósito, um depois de outro, para dar ênfase (ou por capricho). Em *El alma de Gardel*, por exemplo, o leitor da editora fez com que eu percebesse uma frase carregada de advérbios terminados em "mente", e os mantive, porque era de propósito; para o meu gosto, estão distribuídos de uma forma que não pesa.

Em relação a isso de "não repetir palavras", é preciso desconfiar do uso de sinônimos. Quando encontro em um texto (até, às vezes, em algum dos meus) um "este" que substitui um nome dito um pouco antes, é certo que se trata de uma frase que poderia ter escrito melhor. Se venho dizendo "casa", e "casa", e "casa" e de repente digo "morada", sem nada que justifique, me parece de última. Em algumas ocasiões abusei um pouco das repetições, conscientemente, mas quando não é assim e as detecto na correção, em lugar de substituir a palavra, tento reorganizar toda a frase, ou todo o parágrafo.

Isso sim me incomoda quando bate no ouvido (porque o leitor ouve o texto) e, sobretudo, quando se percebe que está ali por torpeza e não de forma deliberada. Às vezes basta eliminar a palavra repetida porque é desnecessária. Mas o uso de sinônimos para esconder a falta de elaboração é a máxima torpeza.

E quando você escreve, dá atenção a tudo isso, são coisas importantes?

Quando escrevo, não, só escrevo, sem pensar nem controlar – mantenho o foco de atenção crítica para que o inconsciente não me leve pro espaço, mas é um foco lateral, distante, e com muita margem para fazer vista grossa e não travar a escrita quando está fluindo.

Ser escritor não significa escrever bem (há quem escreva mal, como Roberto Arlt[8], ou com uma linguagem pouco literária, como Kafka, e, no entanto, são grandes escritores), significa estar disposto a lidar durante toda a vida com os seus demônios interiores. E essa luta não pode, nem deve, ser imposta de fora, deve fazer parte da procura ou do encontro pessoal de cada um.

Por outro lado, são apenas opiniões minhas; não é palavra de Deus; o melhor é usar seu próprio critério.

---

8. Roberto Arlt (1900-1942), escritor argentino, autor dos romances *O brinquedo raivoso* (*El juguete rabioso*, 1926) e *Os sete loucos* (*Los siete locos*, 1929), entre outros. Seu último livro de contos, *El criador de gorilas* (1941), teve sua primeira versão em português publicada em 2022 pela Editora Coragem, com tradução de Fabio B. Pinto. [N. do R.]

"A estrutura do conto é igual à da piada"

Diferenças entre conto e relato.
O humor.

Quando você percebe que um texto termina? Pensa muito no final enquanto escreve?

Não, jamais penso no final. Às vezes, em um romance (mesmo naqueles de estrutura policial, com algum mistério ou enigma, como *Fauna* ou *Dejen todo en mis manos*) começo a vislumbrar o final depois de ter escrito dois terços do total, e fico nervoso; a partir daí fica mais difícil manter um ritmo de escrita constante e não começar a correr feito louco. É engraçado, mas eu acredito que os textos preexistem à escrita (e, certamente, também à sua formulação mental); estão dentro dele, e já na sua forma definitiva, e é por isso que tenho certeza de que o final virá sozinho, vai cair de maduro, até quando há algum enigma. Mesmo assim, chega uma hora que fico nervoso. Por que, e se não se resolve? Mas até agora...

Percebo que um texto termina porque não vejo como continuar. Com um deles tive problemas; arquivei durante uns vinte anos como começo de romance, e quando reli, percebi que era um relato pronto; faltava apenas uma frase de fechamento. Não tinha como continuar.

Alguém disse que um conto "é uma peripécia com final inesperado"; entretanto, nos seus contos os finais não são inesperados, são lânguidos ou, se preferir, surpreendentemente apagados. Que importância você dá aos finais nos contos?

Acontece que eu não escrevo contos; prefiro falar de "relatos", embora sejam, na verdade, romances comprimidos.

Geralmente são relatos em aberto; não pretendo solucionar nada, exceto em um par de histórias (*Dejen todo en mis manos*, *Fauna*) que têm enigma e solução. Acredito que, via de regra, não proponho nas minhas histórias um enigma a ser resolvido, nem procuro um final surpreendente que explique tudo. É uma literatura mais "existencial", e se houver golpes baixos, eles estão em toda parte, não necessariamente no final.

Você tem algum critério para estabelecer a ordem dos contos em um livro de contos?

Não, não tenho o que se chama de critério. Obviamente, se eu não gostar das primeiras linhas de um livro, é bem provável que não o leia, porque essa impressão costuma ser acertada.

No primeiro livro de relatos, *La máquina de pensar en Gladys*, se não me engano, me preocupei em oferecer uma capa e uma contracapa, com o relato em positivo e negativo que leva o título do livro. Depois, acho que tentei alternar relatos curtos e longos, ou algo do gênero. Em outros livros não tive a oportunidade de intervir, e o editor os organizou segundo seu próprio critério. No último, *El portero y el otro*, não tenho certeza, mas acredito ter usado uma ordem cronológica.

Não creio que seja de grande ajuda para você, mas o meu conselho seria: publique apenas os bons, aqueles que sabe que são bons, aqueles que você gosta de verdade e que não precisa defender para você mesmo.

Falemos do humor. Que diferença você vê entre piada e humor?

O humor não conduz necessariamente ao riso; é algo que flutua, que se insinua por meio de pequenas ironias ou coisas do tipo; nada evidente. A piada leva necessariamente ao riso. Se você tiver acesso à Enciclopédia Britânica (está na internet, dizem) procure ler um ensaio de Arthur Koestler[9], no verbete "humor"; é incrível.

Com um texto "literário" eu só rio, às vezes, de admiração. Quando não cabe na minha cabeça a imensidão do que leio, dou gargalhadas e digo, inclusive em voz alta, "que filho da puta".

Você considera que a piada não é um recurso válido para um texto "literário"? Em algum conto você criticou meu uso de piadas.

---

9. Arthur Koestler (1905-1983), jornalista, escritor e ativista político húngaro, autor do romance *O Zero e o Infinito* (*Sonnenfinsternis*, 1940). [N. do R.]

É que às vezes você narra a toda velocidade, faz piadas demais, forçando um humor que não surge naturalmente da história e tal. E não é que eu leve as coisas muito a sério; vivi do humor durante um tempo, e fazia coisas muito boas, como o *Consultorio sentimental de Tía Encarnación*; acontece que cada coisa tem seu lugar e seu contexto.

Tem um homem que faz uma piada atrás da outra, mas o faz de um jeito que mantém a qualidade literária o tempo todo: Fontanarrosa[10]. Ninguém o considera escritor e, no entanto, é um dos melhores da Argentina. Tem, entre muitas outras coisas, um romance chamado *La gansada*[11] que é uma maravilha. Procure ler e analisar seu "timing". Você tem muito humor, e do bom, mas até agora não achou a forma de praticá-lo como deve. Não fique chateado.

A piada tem algo a ver com o conto?

A estrutura do conto é, para o meu gosto, exatamente igual à da piada. A diferença entre eles é que o conto não procura necessariamente fazer rir (a piada é uma categoria especial de conto).

O famoso conto mais breve do mundo, feito com sete palavras, é um magnífico exemplo de conto ("Quando acordou, o dinossauro ainda estava lá"[12]). Não sobra nem

---

10. Roberto Fontanarrosa (1944-2007), escritor, humorista e cartunista argentino, criador dos personagens *Inodoro Pereyra* e *Boogie el Aceitoso*. [N. do R.]

11. Romance publicado em 1989. [N. do R.]

12. "*El dinosaurio*", do escritor guatemalteco Augusto Monterroso (1921-2003), foi publicado em seu primeiro livro, *Obras completas (Y otros cuentos)*, de 1959. [N. do R.]

falta uma só palavra, e tem tudo que um conto deveria ter: tem um começo, um fim, e após a última palavra não é possível acrescentar nenhuma outra sem estragar o efeito; tem "efeito", isto é, um fator surpreendente que tenta desacomodar o leitor (na piada, o leitor procura reacomodar-se por meio do riso; no conto, quando este não procura fazer rir, o leitor não pode reacomodar-se tão facilmente); e, o mais importante, conta uma história, e essa história é única.

O essencial em um verdadeiro conto pode ser sintetizado em uma frase ou duas ("o assassino era um macaco"), e isso estabelece um parentesco entre o conto e os jogos de lógica, ou os enigmas, ao menos no que se refere à inspiração que os origina: o conto é construído em função do seu final; o final de um conto sempre é uma forma de solução.

No romance, porém, não importa a história ou as histórias contadas, nem importa o final; a rigor, todo final de romance é mais ou menos arbitrário. Não deixa no leitor, como o conto, uma nítida imagem indelével, e sim uma série de climas indizíveis, como retalhos de vida pessoal que fossem acrescentados à memória do leitor; sei lá se algumas coisas foi Kafka quem viveu ou fui eu que as vivi, ou se sonhei; agora perturbam-me como minhas, mesmo não lembrando delas. Entretanto, nunca deixarei de ver nitidamente o filho (conto de Horacio Quiroga[13]) enrolado no aramado, morto.

---

13. Referência ao conto "El hijo", de Horacio Quiroga (1878-1937). [N.R.]

"Tenho muitos amigos que não conseguem ler textos meus"

O plágio e a telepatia.
A escrita de "Nick Carter".
Gostos de leitor e gostos de escritor.

Como o plágio – ou o medo do plágio – influi na sua criação? Você manteve guardado um conto de "El portero y el otro" durante décadas porque achava que parecia com outro, até se convencer de publicar. Por que esse zelo? Não demonstra insegurança? Você não pensou que com isso estaria privando os leitores – definitivamente, se tivesse eliminado de fato – de algo que poderia ter sido prazeroso? Que, em suma, poderia ser de alguma utilidade para eles?

O assunto é complicado. Desde que comecei a escrever, houve textos que eu sentia como se não fossem meus; ou que surgiam de uma parte de mim que me era completamente alheia, até hostil, ou então me faziam pensar que a memória tinha me pregado uma peça e me ditado um texto alheio apagando a informação de que não era meu. Tempos depois aconteceu uma história arrepiante. Eu tinha escrito um relato bastante extenso, do início ao fim (um sujeito acordava à noite e percebia por acaso que sua mulher, que dormia a seu lado, tinha uma espécie de linha sutil no rosto; seguindo essa linha, o sujeito descobria que a mulher usava uma máscara e que essa cara que ele conhecia não era a verdadeira. Então ele levanta, sai a caminhar e observa que a cidade que ele conhecia não existia, que era só aparência, tudo de papelão pintado que alguns operários estavam montando nesse momento porque o sol estava por sair. Ele também vê pessoas em volta, atores que estão ensaiando papéis que depois vão representar para ele quando sair à rua; um deles será vendedor de jornais, etc. No fim, o homem chega à conclusão de que não pode fazer nada, volta para casa, deita novamente com sua mulher, desliga a luz e dorme). Quando terminei de escrever o conto, pensei: isso não é meu. Comecei a ligar para todos os amigos que tinham um mínimo de intimidade com a literatura e perguntei se algum deles tinha me contado alguma vez uma história como essa. Nada. De qualquer forma, rejeitei esse relato, me assustou, o desconheci. Destruí o texto no mesmo dia. Passaram-se dois ou três anos, não sei exatamente, e conheci Teresa Porzecanski[14]; ficamos amigos, e um dia ela me levou para visitar sua casa. Lá conheci o marido dela, Julio Schwartz (que faleceu no ano passado[15]), de cuja importante biblioteca eu já tinha ouvido falar.

---

14. Teresa Porzecanski (1945), antropóloga e escritora uruguaia. [N. do R.]
15. Refere-se a 1999.

Era um homem muito orgulhoso dessa biblioteca, e convidou-me para conhecê-la. Em certo momento, pegou um livro de uma estante e falou "pode ser que você goste disto", e me entregou. Eu abri o livro a esmo, em uma parte qualquer, e comecei a ler o conto aquele que eu tinha escrito. Li em um minuto, pulando as páginas, e lá estava mais ou menos TUDO. Com outro estilo etc., mas o mesmíssimo argumento. Fiquei em estado de choque; não lembro que livro era, nem do autor, nem do nome do conto. Também não o vi nunca mais, sequer o procurei. Poucas vezes lembro dessa história, mas me marcou. Quando penso "isto não é meu", é certo que não é meu. De onde foi que eu tirei? A partir de outras experiências, – que Elvio Gandolfo[16] não só não quer lembrar como afirma que nunca existiram –, cheguei à conclusão de que ele mesmo teria me repassado por telepatia, de Rosario, onde morava naquela época. É claro que não há nenhuma certeza a respeito disso, mas é a explicação mais científica que encontrei.

Seus receios quanto ao plágio lembram do episódio sobre Chaplin que Buñuel[17] conta na sua autobiografia, "Meu último suspiro"[18]. Ele, Chaplin, costumava ter lápis e papel na mesa de cabeceira; caso sonhasse com alguma música, acordava, escrevia e dormia novamente, sem medo de esquecer. Foi assim que escreveu "Luzes

---

16. Elvio Eduardo Gandolfo (1947), escritor, tradutor e jornalista argentino. [N. do R.]

17. Luis Buñuel (1900-1983), cineasta espanhol. [N. do R.]

18. *Mi último suspiro*, memórias escritas em co-autoria com Jean-Claude Carrière. Praça & Janés, 1993.

da Ribalta"[19], mas parece que teve que enfrentar um processo por plágio porque parte dessa música já havia sido criada. Por outro lado, não sei se você percebeu que o argumento do seu conto destruído é o mesmo do filme "O show de Truman"[20], com Jim Carrey, exceto que essa vida fingida e cenográfica era transmitida a milhões de telespectadores.

Mas talvez seu conto fosse melhor que o "original", e talvez você tenha privado seus leitores de uma pequena joia. Shakespeare pegou enredos emprestados, como o de "Romeu e Julieta" e os converteu em obras primas.

Não é que me preocupe especialmente com o plágio. O que me incomoda, em todo o caso, é essa sensação do alheio, esse sentimento de "isso não é meu". Na verdade, quando escrevi meu primeiro romance, procurei imitar com a maior precisão possível o Sr. Kafka; isso não me incomoda, e reconheci muitas vezes. Mas escrever algo e sentir que não é meu é uma sensação muito alarmante.

Luzes da Ribalta é um plágio de um tema muito, muito famoso (acho que é o Concerto número 1) de Tchaikovsky. Não sei quem iniciou o processo; seguramente não foi o autor. É difícil acreditar que Chaplin não tenha percebido, mas essas coisas acontecem.

Vi um documentário no canal People+Arts sobre investigações dos russos nos estudos sobre telepatia. E em uma entrevista muito interessante, com um catedrático, mostravam experiências gravadas

---

19. Referência à música-tema do filme *Limelight* (no Brasil, *Luzes da Ribalta*, de 1952) de Charles Chaplin. [N. do R.]
20. *The Truman show* (Dir.: Peter Weir, 1998) [N. do R.]

na Universidade de Leningrado. Até falavam que na Rússia existiam programas de televisão tipo talk show com médiuns de grande popularidade. Fiquei surpreso com a afirmação de que esses "poderes psíquicos" se esgotam; que diminuem e podem até desaparecer.

Mais do que "poderes", são fraquezas, porque os fenômenos acontecem às custas do eu, e com o tempo o eu se deteriora. Eu já estou me complicando com a falta de vontade que me aflige, mais e mais, a cada dia. Se eles se esgotam, é porque a pessoa robustece seu eu. Não é que deixem de se comunicar, e sim que o inconsciente não aflora, não encontra por onde aparecer, e a informação que recebemos fica escondida. Por outro lado, as pessoas que se sujeitam à experimentação começam, mais cedo ou mais tarde, a enganar a si próprias, porque os fenômenos reais são espontâneos e, caso não se produzam, elas tentam trapacear, pois alguma coisa ganham com isso (são pagas pelos testes etc.).

Ou talvez desenvolvam, sem perceber, formas de hiperestesia que imitam inconscientemente a fenomenologia paranormal. Nesses casos, a margem de erro é muitíssimo maior, pois não se pode diferenciar se aquilo que se percebe é uma informação vinda "de fora" ou é fruto de um temor, ou de um desejo, ou seja, se é uma fantasia.

Não tem muito a ver, ou talvez tenha, mas deixe eu lhe contar que no ano de 1995, animado pela leitura de seu "Nick Carter", escrevi uma novela que mostrei para o cineasta Ferruccio "Fucho" Musitelli[21]. Depois de ler, ele me convidou para ir no

---

21. Ferruccio Adriano "Fucho" Musitelli Tagliafico (1927-2013), fotógrafo e diretor de cinema uruguaio. [N. do R.]

bar Sportman, e depois de dizer que o texto lembrava uma série policial que tinha gostado muito quando era garoto, me levou à rua Tristán Narvaja, a uma livraria de usados, onde comprou por $10 duas novelinhas dessa série de sua infância, a do detetive Sexton Blake[22], e me deu de presente. Imagine minha surpresa ao descobrir que o nome do ajudante de Blake era Tinker.[23]

Sim, quando escrevi Nick Carter não tinha nada em vista; na verdade nunca o tinha lido[24], e o confundi com Sexton Blake. Tempos depois percebi isso, mas gostei de manter a confusão.
Então Musitelli também tem suas antenas...

A minha explicação é que Musitelli tem uma intuição poética no seu relacionamento com as coisas e com as pessoas (soube de outros casos do tipo), que, é claro, não aspira ser científica.

A intuição poética é outro nome para a percepção aguda, seja extranormal ou paranormal. Não esqueça que toda a arte é hipnose, e é nos estados de transe que acontecem esses fenômenos.

---

22. O detetive Sexton Blake é um personagem ficcional presente em contos e novelas policiais de diversos autores. Aparece pela primeira vez em um conto do escritor inglês Harry Blyth (1852-1898), sob o pseudônimo Hal Meredith, publicado na revista *The Halfpenny Marvel*, em dezembro de 1893. [N. do R.]
23. O nome do ajudante do Nick Carter de Levrero é Tinker.
24. Nicholas "Nick" Carter é um detetive ficcional criado pelo escritor inglês John R. Coryell (1848-1924). Sua primeira aparição foi no folhetim *The Mysterious Crime of Madison Square*, em setembro de 1886. [N. do R.]

"Tenho muitos amigos que não conseguem ler textos meus"

A respeito de "Nick Carter", percebi que, quando foi publicado, você não quis assinar[25], como se esse relato não integrasse a sua Literatura, com maiúscula. Eu achei excelente, e olhe que eu acho que fica no caminho, que não vai até o fundo, no sentido de pôr toda a carne folhetinesca na grelha.

A primeiro posição eu corrigi, e agora leva a minha assinatura normal. Mas gostaria de saber mais detalhes sobre isso de ficar no caminho.

Explico: quando o texto começa, tem toda a aparência de ser um folhetim paródico e altamente inteligente, mas na metade quebra as regras do folhetim – as explicações retorcidas e inteligentes – e mergulha em profundidades psíquicas que, estou descobrindo agora, estavam lá desde o começo.

Quer dizer, o assunto, a intriga, vai ruindo pelo próprio "mergulho interior". Isso, quando li pela primeira vez, me desiludiu, porque o texto perde esse ar leve, extremamente inteligente, e se afunda em outras intenções que, como não eram as que eu tinha naquela época, me deixaram fora do jogo – ou sem vontade de jogar – e me fizeram sentir que o texto descambava para o "vale tudo" ou para o "tudo acontece porque sim" – e o final o confirma.

---

25. A primeira vez que o livro apareceu, em 1975, foi sob o pseudônimo de Jorge Varlotta, seu nome civil.

Para dizer isso de outra forma, tinha me entusiasmado com um "agente F86"[26] e terminei topando com um delírio surrealista.[27]

Uma pergunta: o posfácio escrito por Helena Corbellini [28]indica a existência de mais aventuras de Nick Carter. O que houve? Onde estão?

Não lembro do posfácio, mas houve, efetivamente, uma tentativa de continuação, em outro tom, mais "comercial", solicitada por Cascioli[29], o diretor da revista argentina *Superhumor*. Mudaram o nome de Nick para Bill, para incluir uma atualização política no assunto (o irmão do presidente Carter); chegou a ser capa de *Superhumor*, em certo momento, o que me emocionou, pois eu nunca tinha sido capa. Mas logo parou, porque começou a guerra das Malvinas e, acredite se quiser, a editorial suprimiu todos os "heróis" com sobrenome inglês. Foi uma pena, porque eu estava achando muito divertido. Se quiser ler os capítulos publicados, precisa conseguir a coleção de *Superhumor*. E, se você achar, como prêmio, posso procurar o capítulo que não foi publicado, no qual, de algum modo confuso, estava previsto um atropelo inglês nas Malvinas, e Nick Carter fazia dançar uns ingleses a bala.[30]

---

26. Codinome do agente secreto Maxwell Smart, protagonista da série humorística televisiva "Agente 86" ("Get Smart"), exibida entre 1965-1970, criada por Mel Brooks e Buck Henry. [N. do R.]

27. Com o passar do tempo, e depois de tê-lo desfrutado várias vezes, acho que é simplesmente um dos melhores livros de Levrero.

28. Gloria Helena Corbellini Troche (1959), escritora e professora uruguaia. [N. do R.]

29. Andrés Cascioli (1936-2009), humorista, desenhista e editor argentino. [N. do R.]

30. Nunca aconteceu nada disso.

"Tenho muitos amigos que não conseguem ler textos meus"

Comentei algo disso com Helena e ela respondeu que, na opinião dela, "Nick Carter" pertence a uma fase pós-moderna sua, e "Dejen todo en mis manos" a uma etapa moderna.

É um comentário agudo, muito razoável. Mas eu entendo que o outro texto também é pós-moderno. Prefiro deixar essas questões para os críticos.

Em várias passagens, o narrador de Nick Carter muda repentinamente de primeira para terceira pessoa, isso tem algum motivo? Você lembra o porquê?

Não foi uma decisão do eu, nem foi calculada, apresentou-se assim. Como percebi que estava em terceira pessoa? Porque enxergava o protagonista, que era o narrador, desdobrado; eu já não o estava personificando (percebendo através de seus sentidos), já o via de fora.

Quer dizer que no início você enxergava o relato do ponto de vista de Nick Carter e depois o enxergava de fora da personagem? Como se explica? Como funciona isso?

Bom, é tudo muito simples: você narra o que você percebe, e narra tal qual percebe, sem relacionar com outra coisa que não essa percepção. Assim, você pode tranquilamente mandar à merda o espaço, o tempo e a forma narrativa, pois tudo se sustenta em um mágico equilíbrio, apenas porque as coisas são assim.

Essa percepção do narrador já tem um ritmo, uma cadência, um tempo, e é isso que define o estilo do texto.

Lacan provavelmente tem razão ao dizer que por trás da imagem está a palavra.

(Eu acrescento que essa palavra está cifrada, está em um idioma do inconsciente – ou talvez em um nível tão profundo que, mesmo se não estiver cifrada, não conseguimos captá-la diretamente –, e somente podemos recuperá-la quando se torna imagem; pegamos a imagem e voltamos a traduzi-la em palavra, na nossa linguagem.)

A imaginação sempre é a porta, a via de comunicação com as coisas profundas, ocultas para a consciência.

Isso me leva a uma outra questão: tenho uma amiga escritora cuja opinião sobre meus textos coincide quase pontualmente com a sua – às vezes até com as mesmas palavras. Parece que são leitores realmente afins, exceto por um detalhe: ela acha "Nick Carter" intolerável, nunca conseguiu terminar de ler.

Tenho muitos amigos e amigas que não conseguem ler nada meu. Os mais astutos percebem que se angustiam muito e param. Outros fingem um desinteresse, e eu sei que não é assim. As mulheres, e muito especialmente as mulheres intelectuais, sentem pavor e uma grande rejeição por tudo que leve a marca do Inconsciente. Fui casado com algumas delas. Aliás, permita-me dizer que, se esses livros não fossem meus, não tenho certeza se eu mesmo os leria. Meus gostos como leitor não coincidem com os meus gostos como escritor. Como são textos meus, leio com entusiasmo, mas não do mesmo jeito que leio coisas que realmente gosto, como os romances policiais. Acho que os leio como se estivesse escrevendo; vou me adiantando àquilo que acredito que deveria ser dito logo depois, e quando descubro que realmente disse isso, fico maravilhado e penso: "Como esse cara escreve bem".

Tem algo a ver a sua paixão pelos Beatles com a aparição do monstro marinho em "Nick Carter"?

Não, não vejo nenhuma relação. Aliás, acho que essa cena eu sonhei.

A questão sobre o que pode ou não estar em um texto me deixa quase paralisado. Ontem, um amigo escritor disse que "dá para colocar tudo que for congruente com a obra", dando por finalizadas todas as minhas sábias e abissais meditações.

É uma opinião muito sensata essa do seu amigo escritor. Acho que compartilho 100% dela.

De qualquer forma, entendo que um romance não é apenas um clima, e sim uma abordagem em que cabe quase qualquer coisa que não conspire contra o tema (talvez seja melhor chamar de conflito). O problema não seria, então, o que escrever, e sim o que não escrever.

Total e entusiasticamente de acordo. E isso pode ser levado a uma etapa prévia: quando acontece a síndrome da página em branco (porque acontece), não é por falta de assunto, e sim por excesso de assuntos que competem entre si.

Seja como for, continuarei ruminando sobre o assunto.

Acredito que você não deveria fazer muito rodeio com sua literatura e continuar trabalhando tranquilo. No fim das contas, você tem um altíssimo percentual de acertos, e eu diria que falhas visíveis só aparecem nos trabalhos longos, aquilo que eu lhe dizia sobre o romance montado a partir de relatos soltos. Para algumas pessoas é mais difícil chegar no formato do romance; para mim, é mais confortável e mais fácil do que o formato do conto, para muitos, é o contrário.

"A literatura tem o dom de gerar culpa"

O cinema e os desenhos animados.
A televisão.
A preexistência do texto.
A leitura do autor e a do leitor.
A aprovação dos outros.

Falemos de cinema: concordo bastante com algumas de suas apreciações (Sam Raimi, por exemplo – vi várias vezes "Uma noite alucinante"[31]) mas discordo enfaticamente de sua opinião sobre Buñuel... Não sei se você viu "O alucinado"[32], um exemplo de caso de paranoia que era apresentado por Lacan a seus alunos: trata-se de um homem de 50 anos que casa com uma mulher de 25 e, doente de ciúmes, quer matá-la porque acha que ela o engana – curiosamente, no final do filme isso se confirma: ela

---
31. *Evil Dead* (Dir.: Sam Raimi, 1981). [N. do R.]
32. *Él* (1952). [N. do R.]

termina ficando com um homem mais novo. Ou "Ensaio de um crime"[33], uma comédia de humor negro sobre um homem que planeja crimes contra mulheres belíssimas que morrem um momento antes dele poder matá-las; revi o filme há alguns meses e continuo achando fantástico; enfim, há muitos outros ("Nazarin"[34], "Os esquecidos"[35], "Simão do deserto"[36], "O anjo exterminador"[37], etc.) além dos melodramas mexicanos que são muito bons. Por sinal, você leu "Meu último suspiro", suas memórias?

Não li o livro, e vi alguns desses filmes; mas quando falo de Buñuel com desprezo não o faço pelo conteúdo, e sim pela forma. Ele não tem a mínima ideia do que seja linguagem cinematográfica (somente Chaplin é pior diretor, nesse sentido). Nos últimos anos tenho ficado mais atento à forma de relatar do que ao conteúdo, e o meu prazer aumenta progressivamente; inclusive vejo várias vezes o mesmo filme (*Barton Fink*[38], sete ou oito vezes, e ainda não o esgotei), e quando a linguagem é sólida, vale a pena. Há muitíssimos anos, Mario Handler[39] me disse: "Nunca se deveria ver um filme pela primeira vez" (clássico humor de MH), em referência a que somente a partir da segunda ou terceira vez se começa a desfrutar de verdade. De Buñuel poderia dizer que é praticamente analfabeto. O último que vi dele me

---

33. *Ensayo de un crimen* (1955) [N. do R.]
34. *Nazarín* (1958). [N. do R.]
35. *Los olvidados* (1950) [N. do R.]
36. *Simón del desierto* (1965). [N. do R.]
37. *El ángel exterminador* (1962). [N. do R.]
38. *Barton Fink* (Dir.: Ethan e Joel Coen, 1991). [N. do R.]
39. Mario Handler (1935), fotógrafo e documentarista uruguaio. [N. do R.]

entediou profundamente: *Belle de Jour*[40], em vídeo. Uma série de situações e de piadas previsíveis.

Bom, isso de Buñuel ser analfabeto, francamente... Se você gostou de "A idade do ouro"[41]*, um filme que quase inaugurava o cinema falado, lá por 1930, quando todo mundo, maravilhado, usava para fazer "talkies"... usa o som como se fossem os anos 80 ou 90! Por favor... ou você acredita que Dalí teve alguma coisa a ver com a mistura de som e imagem (aqui, pausa clara e inequívoca de que não).*

Isso de analfabeto refere-se pura e exclusivamente à sintaxe – a forma de relatar, a forma de enlaçar uma imagem com a outra, o uso da câmera e seus movimentos etc. Por outro lado, Buñuel tem (às vezes) genialidades várias, especialmente no que se refere a golpes de efeito (como o ovo podre que explode na cara do espectador em Os esquecidos, o final de *Viridiana*[42] (o do baralho) ou o final de *O anjo exterminador*.

Mas não suporto a sua sintaxe; é de analfabeto. Qualquer aprendiz de Hollywood dá de dez a zero.

Em um documentário que vi há pouco, Buñuel defendia que "fomos os primeiros a abominar e atacar o conceito burguês de trabalho; afirmávamos que trabalhar era simplesmente horrível"

---

40. Em português, no Brasil, *A bela da tarde* (1967). [N. do R.]

41. *L'âge d'or* (1930), dirigido por Buñuel e roterizado por ele e por Salvador Dalí. [N. do R.]

42. *Viridiana* (1961). [N. do R.]

etc. Nesse mesmo sábado eu li a sua entrevista na revista digital "Laideafija"[43] e tudo isso me soou bastante familiar...

Concordo com Buñuel em uma série de questões ideológicas, sem dúvida. Por exemplo, aquela frase que alguém falava em um filme cujo título agora me escapa (arteriosclerose), um tio diz ao seu sobrinho que chegava de uma manifestação de trabalhadores em que foi espancado: "Tras cuernos, palos"[44]. Aí soltei uma gargalhada e comecei a aplaudir no cinema.

Enfim, isso que você fala não seria algo como o clássico parricídio? Ou você diz isso simplesmente por, como dizem os andaluzes, puro exagero?[45]

Acredito que não; acho que é bem isso que eu falei: ultimamente tenho curtido mais a forma das coisas do que seus conteúdos, e se a forma de A *Idade do ouro* é impecável, não pode se dizer a mesma coisa de todo o resto; por isso penso na mão de Dalí, não por ser fanático por Dalí, mas por exclusão. Recomendo que faça a experiência de ver repetidamente um filme (um que valha a pena) até aprender de cor o argumento, os diálogos etc.; aí talvez possa dar atenção àquilo que mais importa. Se você conseguir fazer isso, se conseguir ver um filme a partir da sua forma, encontrará

---

43. *La idea fija – revista bastante literaria*, criada pelos escritores Leonardo Longhi (1968) e Saurio (1965). http://www.laideafija.com.ar/ [N. do R.]
44. Essa expressão se refere a algo que já não está bem, e piora. No contexto do filme, o tio se refere a algo que não estava bem (o sobrinho ter ido à manifestação) e que piora (acaba sendo espancado). [N. do R.]
45. No original, "nomás de exagerao". [N. do R.]

uma fonte de prazer infinitamente superior a qualquer outra coisa que o cinema possa oferecer.

De qualquer forma, se tiver interesse, posso lhe mandar "Meu último suspiro" por meio de Dona Rosa.

Mas é claro; agradeço. Muitíssimo agradecido, estimado, pelo seu nobre empenho em iluminar-me; acho que chega um pouco tarde, porque parece que nesta velha cabeça já não entra nenhum conceito novo, e os conceitos velhos tornam-se rígidos e esquemáticos.

Uh, isso me fez lembrar – sem ofender – daquilo de "oh céus, oh vida" que aparece em um desenho animado e ficou para sempre no coração de todos os uruguaios.

Nem todos, prezado amigo. Nem todos. Talvez você não consiga imaginar alguém completamente à margem da TV, um absoluto ignorante do assunto. Mas eu conheço um: eu.

Quando morava em Colônia[46], vi alguns programas da TV de Buenos Aires; tem alguns, ou tinha, que eram bons, entre eles *Caloi en su tinta*[47], que passava muitos curtas-metragens do mundo e, além disso, tinha um quadro de Fernando Peña[48], que na época era um garoto. Alguns

---

46. Refere-se a Colônia de Sacramento, no sudoeste do Uruguai. [N. do R.]
47. Série televisiva protagonizada pelo cartunista Caloi (1948-2012) – pseudônimo de Carlos Louiseau – e exibida pelo canal argentino ATC entre 1990 e 2008. [N. do R.]
48. Fernando Martín Peña (1968), crítico, pesquisador e apresentador de televisão argentino. Além de atuar, também foi produtor de "Caloi en su tinta". [N. do R.]

anos depois o conheci pessoalmente em Montevidéu e me autografou um livro dele sobre cinema.

Coincidimos na adoração por Buster Keaton, mas devo reconhecer que, na verdade, ele vai além de mim. Também via desenhos animados (dos antigos, de quando Hanna-Barbera não tinham se prostituído e faziam aquela delícia de *Tom e Jerry*), e algum seriado norte-americano. Às vezes algum filme sem dublagem dos que passavam em um canal de Mar del Plata depois da uma da manhã. E essa é toda a minha cultura televisiva.

Certo, você deve ser dos poucos que não assistiu os desenhos animados de "Lippy, o leão, e seu amigo, a hiena Hardy", de Hanna-Barbera. A hiena nunca ria, estava eternamente preocupada e tinha um bordão com que arrematava todas as situações ("oh céus, oh vida"). Às vezes essas frases ficam populares e até se tornam independentes de sua origem...

O que acontece com "Tom e Jerry" é um mistério; os meus dois filhos – de 6 e de 2 anos – ficam embasbacados assistindo, e os canais de TV a cabo passam sempre. Esse efeito eu vi também em outras situações; por exemplo, num bar, onde qualquer um, criança ou adulto, fica hipnotizado diante da eterna perseguição. Acredito que o grande achado é não falarem; é uma sucessão constante de gags..., mas não, não pode ser por isso, porque no Papa-Léguas as personagens também não falam e não produzem esse efeito hipnótico.

Não é a mesma coisa; os desenhos do Papa-Léguas têm outro sistema, mais intelectual. Há jogos extraordinários com o tempo narrativo. No seu momento, foi um passo além na linguagem, mas *Tom e Jerry* continua sendo mais forte, mais direto.

Você acha que consumir televisão pode prejudicar a produção literária?

Se os planos forem confundidos... Se você assiste muita TV e lê muita porcaria, é fácil de misturar as coisas e de confundir os planos. Um amigo, há muitíssimos anos, foi de muita ajuda. Eu era bem jovenzinho e ele me explicou que a gente pode ter, e com todo o direito do mundo, o que ele chamava de "gostos perversos", sempre que tenha consciência de que são perversos. Então, eu sempre consegui diferenciar; não defendo tudo que eu gosto, e sei que gosto de uma infinidade de coisas que são um lixo. Geralmente são coisas feitas com fins comerciais, para atingir um maior contingente de pessoas e reduzir ao máximo o custo do produto (é o caso da TV). Como eu escrevo sem fins comerciais, sempre tento fazer com que o produto seja satisfatório para mim, que não me envergonhe (nem sempre consigo, mas minha intenção é boa). Uma vez descobri, rangendo os dentes, que gostava de escutar as músicas de Julio Iglesias, por exemplo. Não posso defender isso de jeito nenhum, mas há algo irracional que me faz, ou me fazia, desfrutar dessas músicas. Portanto, limitei-me a confessá-lo, a confessar meu gosto perverso. Acontece isso com muitas coisas, mas acho Julio Iglesias um caso extremo. Em compensação, o humor do gordo Porcel[49], por exemplo, acho insultante, intolerável.

---

49. Refere-se a Jorge Porcel (1936-2006), comediante argentino. [N. do R.]

Sim, você disse que algumas coisas minhas quase chegam a esse humor. É que para mim Porcel não é tão abominável, já Julio Iglesias (!)...

Repare que eu defini o meu gosto por Julio Iglesias como um gosto perverso. Você, porém, não percebe que o seu gosto por Porcel é um gosto muito perverso, por isso "não acha tão abominável". Pense um pouco: não basta gostar de uma coisa para que ela seja boa, ou para que não seja tão ruim como os gostos dos outros. Seguindo esse raciocínio, poderíamos dizer: o cigarro é bom porque gosto de fumar; a bebida é boa porque gosto de beber; a droga é boa..., etcétera. Você precisa buscar um mínimo de objetividade. E nesse sentido, os parâmetros aceitos são, entre outros, o grau de elaboração, o grau de complexidade, a riqueza dos elementos em jogo (palavras, cores ou sons). Tudo isso certamente é convenção mas, de alguma forma, temos que aceitar certas convenções para poder manter uma comunicação razoável. Esse seu caminho leva a não diferenciar valores, ou ao vale tudo, que é a mesma coisa que o nada vale. Pense nisso.

Eu acho que é necessário evitar classificações tipo "cinema é alta cultura", "televisão é lixo". A legitimação cultural de produtos da cultura de massa sempre aconteceu após serem consumidos. O cinema gerou Buster Keaton e O Gordo e o Magro, e levou um tempo até serem legitimados como grandes artistas. A televisão, por sua vez, gerou "Os três patetas" e, por exemplo, Alberto Olmedo[50]: eles desenvolveram uma arte ligeira, quase espontânea e baseada na repetição interminável (todos esperávamos o

---

50. Alberto Olmedo (1933-1988), ator e comediante argentino. [N. do R.]

momento em que Olmedo, depois da pergunta "Mas o senhor, estaria disposto a fazer... X coisa?", olhasse para a câmera e, com olhos chorosos, dissesse: "Éramos tão pobres"[51]).

"Todos"... os que são reduzidos a esse infantilismo. As crianças pedem sempre os mesmos contos, e ai de você se mudar uma vírgula. Aí entra em jogo uma quantidade de fatores psíquicos.

A diferença entre cinema e TV não é de linguagens, nem de formatos; a maior parte dos filmes pode ser vistos bastante bem com fitas de vídeo, na tela da TV (os comediantes do cinema mudo perdem muito, e até em filmes sonoros, porque conservam modalidades do cinema mudo, e o que mais falha é o *timing*; fico com a impressão de que existe um problema de velocidade angular quando se muda o tamanho). Pelo que tenho visto, *Os três patetas* é totalmente cinema; na TV só mostram os seus filmes mais antigos, mas, fora esses detalhes, a linguagem é a mesma, só que uma é usada de maneira muito pior que a outra.

Como você disse, ter que produzir para exibir todos os dias é algo que muda as coisas, e muda para pior. Quem obriga a exibir programas todos os dias ou todas as semanas? Por que não fazer as coisas bem feitas? Mas é o contrário, buscam a coisa fácil e dirigida para um público sem maiores exigências e, ao mesmo tempo, hipnotizam esse público para que compre determinado lixo e para que vote em determinado lixo.

Dia desses fui embora da sala de espera do dentista porque não consegui aguentar a TV; normalmente estou

---

51. Bordão do personagem Pérez, do programa humorístico "No toca botón", exibido pela emissora Telefe entre 1981 e 1987. [N. do R.]

sozinho e a desligo, quando não está no *Discovery Channel*, que assisto com muito interesse. Mas naquele dia havia vários pacientes aguardando antes de mim, e eu tinha que ouvir (tentava nem olhar) tanta estupidez agressiva e de um baixo nível tão incrível que me deixava roxo de raiva; particularmente nos comerciais. Então fui embora porque realmente estava passando mal. Tudo bem que é a realidade do meu país... tudo que você quiser, mas prefiro ignorar. É muito duro perceber que algo humano possa descer tão baixo.

O escritor espanhol Rafael Sánchez Ferlosio[52] afirma que primeiro "está a Fealdade, depois a Estupidez e por último a Maldade" (embora depois esclareça que algo feio já contém, em si, a maldade). Em outro momento, esse escritor declarou que, nos anos 70, o abuso de anfetaminas fez com que seus manuscritos se tornassem quase ilegíveis; para resolver isso, se propôs a melhorar a letra na hipótese de, assim, melhorar a mente: "Eu acho que a caligrafia salva do Alzheimer" anotou sucintamente em um artigo autobiográfico. É a mesma premissa de "El discurso vacío". Mas, voltando ao começo, eu não acredito que os subgêneros, ou a televisão, por si só, nos tornem piores ou nos façam cair mais baixo.

Surpreendente a coincidência com o tal de Ferlosio na questão da caligrafia.

Eu não tenho preconceito com a TV como meio, mas sim um juízo sobre o que se faz neste país com esse meio. Como disse, vi TV argentina, em Colônia, e assistia várias coisas que valiam a pena. Imagino que em alguns países

---

52. Rafael Sánchez Ferlosio (1927-2019), escritor e linguista espanhol. [N. do R.]

existam coisas melhores. Assisti em fitas de vídeo filmes feitos para TV e alguns são de primeira qualidade.

Totò[53], por exemplo, era ator de cinema e desenvolveu um jeito próprio de se colocar na frente da câmera de cinema. Olmedo foi um dos grandes atores de televisão, de uma arte que somente pôde ser desenvolvida no meio televisivo (entenda-se: a arte de ficar diante da câmera e mexer apenas os olhos e as mãos e sugerir, e fazer rir... só com isso).

A diferença está no público. Eu não acho graça, fico com pena e vergonha. Mesmo entendendo que Olmedo fosse um bom ator. Ele se deixou levar pelo meio mercantilista. E assim terminou, porque isso tem um preço.

Insisto que você faz uma defesa dos seus "gostos perversos". Todos temos nossos gostos perversos, e isso é lógico e natural; mas uma pessoa madura, e, acima de tudo, um intelectual, deveria saber distinguir seus gostos perversos e não tentar universalizar, defendendo-os a todo custo. Por exemplo, eu tenho um gosto perverso pelo romance policial, leio quase qualquer tipo de romance policial, mas sei distinguir entre Chandler, Nicholas Blake[54] etc., daqueles cujos nomes nem lembro. Não tento universalizar a leitura de romances policiais.

Isso de que a mensagem faz o público, ou o contrário, é como aquilo do ovo e da galinha. Parece que cada vez que um meio se

---

53. Totò é o nome artístico de Antonio de Curtis (1898-1967), ator e comediante italiano. [N. do R.]

54. Pseudônimo do poeta e romancista irlandês Cecil Day-Lewis (1904-1972). [N. do R.]

torna um sucesso massivo, a "qualidade" (entendida em termos artísticos) se degrada. Isso ocorreu com a rádio nos anos 30, com o cinema em suas duas primeiras décadas e com a imprensa marrom do século XIX. Também ocorreu com a primeira massificação, a da imprensa, quando – depois do século XV – se enche de romances de cavalaria, de pastores etc. "Dom Quixote" é, entre outras muitas coisas, uma reação indignada contra esses best-sellers que degradavam o público e fomentavam um gosto literário prosaico, falso, repetitivo, cheio de lugares comuns etc.

Para "salvar" a literatura, Cervantes fabrica a sua paródia daqueles cavaleiros que enlouqueciam as pessoas em histórias que elas devoravam com paixão, e cria o anti-herói, e o torna cavaleiro para fazê-lo descer aos infernos dessa subliteratura, desse "mass cult" que era o romance de cavalaria e, destruindo-o, redimir a arte literária.

Enfim, Cervantes abominava a irrealidade, a inverossimilhança e a grosseria de toda essa literatura melosa e fácil (pontualmente, acusava a ausência de uma paisagem real e que as personagens não transpirassem, não tivessem lesões depois da batalha nem necessidades fisiológicas etc.) Daí sua ênfase na materialidade durante todo o romance. Penso agora que sua indignação é a mesma de Cervantes ao ler os romances de cavalaria, e entendo, mas acredito que Olmedo foi um grande ator, e a prova é que, ao revê-lo, dez ou doze anos depois, melhora com o tempo (quase diria que é a única prova válida). No seu momento, "O Gordo e o Magro" não foram mais do que um simples deleite de massa, um complemento de matinê que, provavelmente, algum intelectual da época qualificou de "ópio do povo" ou "divertimento para débil mental" (e nunca, mas nunca, obras-primas da arte *cinematográfica). Às vezes no lixão encontram-se pequenas joias. Ou simplesmente joias.*[55]

Sabe que fiquei pensando naquilo que você disse de Olmedo, da sua morte e de que "isso tem um preço". Pode ser que você esteja certo.

Eu também fiquei pensando nisso e concluí que não era justo; mas me saí bem no efeito dramático. Na verdade, tudo "tem preço" e eu não sou melhor que Olmedo, por exemplo. Não continuei com a polêmica por falta de tempo, mas espero responder em algum momento; é bem pouco cortês deixar sem resposta algo tão bem elaborado.[56]

Voltando ao cinema, concordo parcialmente com seu elogio público a Andrei Tarkovski: achei "Stalker"[57] *e "O sacrifício"*[58] *filmes fabulosos – assisti 4 ou 5 vezes cada um deles –; de "Solaris"*[59] *gostei menos, "Andrei Rublev"*[60]*, menos ainda, e em "O espelho"*[61] *saí do cinema.*

Andrei Rublev é abominável, mas eu diria para ter paciência com O espelho; quando você entende a lógica, é algo infinitamente belo. Também vale a pena assistir a reportagem em vídeo sobre as gravações de O Sacrifício; é genial.

---

55. Mario não respondeu a esse longo comentário mas, semanas depois, voltei ao assunto.
56. Nunca respondeu.
57. *Stalker* (1979). [N. do R.]
58. *Offret* (1986). [N. do R]
59. *Solyaris* (1972). [N. do R.]
60. *Andrei Rublyov* (1966). [N. do R.]
61. *Zerkalo* (1974). [N. do R.]

Você assistiu o filme "Pi"[62], de Darren Aronofsky? Embora o argumento seja algo superficial, algumas imagens me lembraram seu estilo (concretamente há uma cena em que o protagonista fica tonto olhando como um saquinho de leite em pó dilui no café preto; depois acontece a mesma coisa com as volutas de fumaça de um cigarro etc.)

Não, não vi. É difícil para mim ir ao cinema... nesse último ano[63], até agora, só me mexi pra assistir *O grande Lebowsky*[64] e *Missão impossível II*[65]; além disso, fiquei sem aparelho de vídeo, estou, portanto, muito atrasado nessa matéria. E *Cinemateca*[66] acaba sendo inacessível pela escassez de exibições. Espero que apareça de alguma outra forma. Especialmente em vídeo, forma a que me acostumei e que me permite entender melhor as coisas.

O livro que mandei para você sobre "Blade Runner"[67] (Ed. Tusquets, Cuadernos Ínfimos, AA.VV.) tem uma entrevista com Ridley Scott – mais um texto dele –; diz que o ilustrador que ele mais admira é Moebius[68].

Olhe só... fazer o quê...

Mas você leu? Que achou?

---

62. *Pi* (Dir.: Darren Aronofsky, 1988). [N. do R.]
63. Ano 2000.
64. *The big Lebowski* (Dir.: Joel e Ethan Coen, 1998). [N. do R.]
65. *Mission: Impossible II* (Dir.: John Woo, 2000). [N. do R.]
66. Levrero refere-se à Cinemateca Uruguaya, em Montevidéu. [N. do R.]
67. *Blade Runner* (Dir.: Ridley Scott, 1982). [N. do R.]
68. Pseudônimo de Jean Giraud (1938-2012), quadrinista francês. [N. do R.]

Passei os olhos, do começo ao fim, e só me fisgou o ensaio de Fernando Savater[69]. Um homem com estilo! Excelente. Faz lembrar Unamuno, de certa forma, e também o Eco ensaísta. Pessoas que pensam por si. De resto é tudo horrível, insuportável.

Comentei algumas ideias suas com um amigo escritor e ele teve certeza de algo que sempre suspeitou: para escrever, cada um tem que fazer suas próprias regras.

Exatamente. E, se possível, fazer as regras depois de escrever, para não ficar amarrado nem nas próprias regras.

Você acredita que o processo de escrita pode ser dirigido? Se alguém me perguntasse isso, diria que não, diria que a gente não é livre para escolher o que vai dizer ou não.

Acho que é uma questão de mentalidade. Evidentemente, os gênios podem dirigir o processo, ou pelo menos ter uma visão global do que querem antes de começar a escrever (Joyce, Faulkner...). Eu não consigo.

Talvez o único referente para tentar algum tipo de direção é o prazer que pode nos provocar a leitura ou releitura do texto escrito.

Bom, se você for escrever apenas para você, não tentaria comunicá-lo. Acredito que a partir do momento em que participa de concursos ou faz circular seus textos (saudável atitude), toda a realimentação que receber será importante.

---

69. Fernando Fernández-Savater Martín (1947), filósofo e escritor espanhol. [N. do R.]

Daí a minha recomendação de tentar receber essa retroalimentação de fontes confiáveis.

Se o processo criativo é autônomo, então parece óbvio que não poderá ser modificado por influências externas – como a oficina, por exemplo.

Obviamente você está enganado. As influências externas modificam você, sim, e na oficina vejo todo dia aparentes milagres nesse sentido. Talvez não mexa exatamente com as fibras mais íntimas, onde se gera um texto, mas modifica, sim, e muito, a comunicação que você tem com essas fibras íntimas. Não esqueça que os textos surgem de um impulso obscuro, não racional, provavelmente a partir de movimentos anímicos e emocionais, e poder traduzir isso em imagens, e essas imagens em palavras, é uma capacidade que se adquire, sim.

Isso se conecta com a questão da sua reiterada e não explicada afirmação de que os contos ou textos "preexistem" antes de ser escritos. Gostaria que você esclarecesse essa dúvida (e, sobretudo, gostaria, do fundo da alma, de entender essa explicação).

Você me faz trabalhar mesmo. É um Grande Inquisidor. Insaciável.

Tentarei responder, mas não fique bravo se eu repetir histórias ou conceitos, porque precisei falar no assunto em diferentes oportunidades e já não sei com quem falei o quê.

1) Saber o que está lutando para sair é muito fácil. Sente-se em uma poltrona confortável, sozinho, em um lugar tranquilo, não completamente no escuro, mas com luzes não

muito intensas nem brilhantes, relaxe ao máximo possível, deixe voar a mente, feche os olhos, não durma ainda, e deixe que comecem a aparecer imagens na sua mente, sem procurar e sem rejeitar as que aparecerem, mesmo não gostando ou achando aborrecidas. Depois de um momento, nesse desfile de imagens encontrará algo que desperta em você um especial interesse ou curiosidade, tente ver mais sobre o assunto, foque um pouquinho, somente um pouquinho, a atenção nessa imagem e tente mantê-la um bom tempo. Ela não vai ficar parada, vai se desenvolver o suficiente para oferecer a ideia de uma história que a contém, embora você não saiba qual é.

Então você começa a escrever sobre essa imagem ou sobre essa história, sobre o pouco que conhece dela, e deixa sair o texto preexistente.

2) Não sei quão preexistente é o texto preexistente; não sei se está lá há séculos ou anos ou apenas uma fração de segundo antes de você perceber; talvez seja percebido quando chega na ponta dos dedos, uma fração de microssegundo antes de apertar as teclas.

Não sei qual é a explicação disso tudo, mas é provável que esteja nos múltiplos cérebros que possuímos (três camadas, que eu saiba, na cabeça: cérebro reptiliano, cérebro paleomamífero e cérebro neomamífero, a camada mais externa). Alguns desses são quase cérebros, ou protocérebros, isto é, centros nervosos (plexos) que contam com certa autonomia e estão situados em diferentes locais do corpo, como o peito ou os joelhos, sem ir mais longe.

Um modelo do transe hipnótico (Dennis Wier[70], suíço) é descrito como um estado em que se desativa uma série de funções (ou habilidades) em função de outras. Ele faz uma comparação com uma peça cheia de caixas de som com diferentes níveis de saída, e seria como baixar o volume de algumas para poder ouvir outras. Sem necessidade de chegar a um autêntico estado de transe hipnótico, esse exercício de atenção de que falei no início ajuda nisso de poder ouvir (ou ver) aquilo que está encoberto por volumes mais fortes.

Uma vez, em Piriápolis, eu caminhava à noite por um local solitário, de ruas tortuosas, estava voltando da casa de um amigo que não encontrei. As calçadas estavam cheias de pasto e eu andava pela rua, próximo ao meio fio. De repente ouvi um barulho tremendo, como o rugido de um monstro pré-histórico, e vi, no alto, uma coisa redonda, luminosa, que apareceu inesperadamente. Pulei para a calçada para ficar a salvo de não sei que calamidade e consegui captar, milagrosamente, uma frase que se formou no meu interior: "Um monstro de um olho só!", um instante antes de reconhecer que aquele fenômeno era, na verdade, um veículo da prefeitura que até esse momento eu nunca tinha visto, encarregado de limpar as bordas das calçadas, ou melhor, as calçadas, com umas escovas giratórias e jatos d'água. O olho do monstro era um foco luminoso muito alto que fazia parte da máquina.

Aí descobri a origem das metáforas.

"O foco dessa máquina espantosa era como o olho de um monstro".

---

70. Dennis R. Wier, consultor de informática, pesquisador e diretor executivo da empresa Trance Research Foundation. [N. do R.]

Então, você pode optar por usar metáforas alheias, e será um escritor clássico (a alvorada de dedos cor-de-rosa[71]), ou metáforas próprias. Para usar metáforas próprias você pode pensar intensamente durante um certo tempo e trazer à luz todo o tipo de engenhosidade, mas as mais reais e convincentes vêm de dentro, são fabricadas pela percepção direta de outro cérebro, independente do eu consciente e voluntário.

Em todo caso, a forma de escrever com força e ser colorido e convincente é prestar atenção naquilo que vem de dentro, ainda que se trate de objetos do mundo exterior. Esses objetos somente se tornam artísticos ou passam a ser material artístico através de um processo no nosso ser interior.

Ou seja, não tem importância alguma se a sua personagem saiu de uma ocorrência policial publicada nos jornais ou saiu de um sonho; para escrever sobre ela de modo literário, deve passar previamente pela sua máquina de elaboração interior.

Acho que ficou tudo bastante claro, não?

Tenho pensado que o gosto literário como escritor se desenvolve com o exercício criativo, e pode ser que o gosto como leitor não acompanhe necessariamente essa evolução. É possível um atraso de um em relação ao outro?

Bom, eu raramente leio meus próprios textos por prazer. Acho que não me incluiria entre meus autores favoritos. Como leitor, procuro o entretenimento; o máximo do prazer para mim está em um romance policial. E não me refiro

---

71. Referência ao conhecido trecho inicial da *Odisseia*, de Homero. [N. do R.]

exclusivamente aos grandes autores, como Chandler; gosto de ler praticamente qualquer tipo de romance policial.

Há períodos em que me deleito com boa literatura, e então aproveito para aprender o máximo que posso, graças à caridade de Felipe Polleri[72], que me emprestou toda a sua biblioteca; mas sou capaz de abandonar Joyce pelo romancinho mais infame da coleção Rastros.[73]

Então há que escrever, publicar e não ler a si mesmo...

Pela minha experiência, a leitura do autor não coincide com a leitura de nenhum outro leitor, e geralmente se gosta de um livro por motivos muito diferentes dos motivos do autor. Sempre fico surpreso quando descubro que um livro meu é lembrado por determinada passagem, e que essa passagem nunca é a mesma para os diferentes leitores, são passagens que, para mim, com frequência, não tinham nada que as destacasse do resto. Não sei onde li, não faz muito tempo, que escrever é uma forma de ler; ou que o escritor escreve para ler aquilo que vai aparecendo. Por outro lado, ler é uma forma de escrever; enquanto eu leio, vou construindo o livro que vem a ser meu livro, embora o autor seja outro. Em tudo isso parece impossível achar, em alguma medida, o que chamam de objetividade.

É possível que escrever gere culpa? Algo assim como: por que gastar tanto em uma atividade "improdutiva" ou "egoísta" tendo uma família para sustentar etc.

---

72. Felipe Polleri Sierra (1953), escritor uruguaio. [N. do R.]

73. Série de romances de espionagem, guerra e aventuras publicada pela Editorial Acme, de Buenos Aires, entre 1944 e 1977. [N. do R.]

"A LITERATURA TEM O DOM DE GERAR CULPA"

Sim, a literatura tem o dom de gerar culpa. Segundo alguns psicanalistas, entre outras coisas porque tem o significado de "matar o pai". Não me peça para explicar. Mas essa culpa é um fato que venho observando em mim, desde sempre, e se repete pontualmente em cada um dos alunos quando se solta e escreve de verdade.

Em "Cartas a um jovem poeta" Rilke[74] defende que se alguém escreve verdadeiramente com aquilo que tem dentro de si, os de fora deixam de existir e a "aprovação" exterior perde todo o valor.

Isso é rigorosamente exato. Bom, nem tanto: a aprovação exterior sempre adula a vaidade, pelo menos para mim. Mas é algo que corresponde a outra esfera do ser, não à esfera do escritor propriamente dito. Eu sinto claramente que meu escritor interno é indiferente a todo o exterior, e o que se insufla com a aprovação alheia é uma parte do eu, essa coisa ínfima que faz parte do ser. Também está vinculado com a insegurança, e a insegurança é parente próxima da culpa, e com isso voltamos ao começo.

Da minha parte, levei uns vinte anos para dizer "sou escritor", e ainda mais tempo para senti-lo. Justamente nisso a aprovação exterior ajuda, porque os papéis são sempre sociais. Na verdade, não sou escritor, e sim, como dizia Unamuno, "um homem que escreve"; você é sempre bem mais do que seu próprio papel social.

---

74. *Cartas a um jovem poeta* (*Briefe an einen jungen Dichter*, 1929), publicação póstuma de autoria do poeta e romancista austríaco Rainer Maria Rilke (1875-1926). [N. do R.]

A propósito, leste as "Cartas a um jovem poeta"? Se eu não entendi mal, os conceitos de Rilke se ajustam ponto por ponto com os seus.

Li algumas cartas, ou partes delas, já faz tempo. É bem possível que você tenha razão: deve ser por isso que me provoca tédio. É como ler um enunciado como "chove de cima para baixo" desenvolvido em uma série muito delicada de frases.

Penso que o desenvolvimento como escritor requer um jogo duplo, de isolamento e necessidade de compartilhar os textos produzidos; é como uma viagem de burro: qualquer sobrecarga em um dos lados da bagagem faz cair o arreio do burro (!). Quero dizer que a exposição crítica é necessária, mas se a gente for sensível demais a essa exposição, por mínima que ela seja, isso pode modificar seriamente o que a gente produz.

Sim, consigo compreender muito bem isso, especialmente por meus dezesseis anos de anonimato total (voluntário, em boa medida, mas igualmente duro). Tenho a vantagem de ser um tipo muito menos sociável do que você, e sempre tive dois ou três amigos super confiáveis a quem submeter os meus textos. Um amigo confiável bastava para eu aceitar um texto meu. Mas uma reunião de amigos teria me causado pânico. Os textos não são para ler em público... exigem intimidade. O grupo, inclusive, modifica as opiniões de cada um de seus integrantes. A leitura em voz alta no meio de um grupo engana, porque aquele que lê imprime uma sedução extra com a voz e a presença. Lembro daquilo de Porchia:

"Cem homens são a centésima parte de um homem"[75]. Sempre me bastou um leitor que sintonizasse com o meu texto; a massa não me acrescenta nada. Em todo caso, sinto satisfação ao receber elogios por um texto, mas sempre como caso particular. Se tivesse muitas noivas, não juntaria todas em uma mesma sala. A comunicação verdadeira só me acontece no *tête-à-tête*.

Quando você chega ao ponto de se lixar para aquilo que os outros pensam, aí é que todos começam a respeitar e admirar você. A insegurança cria frestas em você por onde se mete, inexoravelmente, o sadismo alheio, ou sua ânsia por dominar. É inevitável; acontece com as melhores pessoas (eu inclusive estou sempre fortemente tentado a ferir o fraco). É o que chamam de natureza humana.

Que acontece quando você termina um texto pensando "não faço a mínima ideia se é bom ou não"?

Isso é normal e até desejável. Também por isso convém deixar os textos descansarem um tempinho. Pior é a autocomplacência acrítica, que é tão abundante.

---

75. Referência ao poema *Vozes* (1943), de Antonio Porchia (1885-1968), poeta italiano naturalizado argentino. [N. do R.]

"Sempre considerei El lugar um romance um tanto desprezível"

"El factor identidad"
Desplazamientos
El lugar
El discurso vacío

Mudando de assunto, "El factor identidad"[76] é um conto seu que eu sempre gostei. Apesar das suas reiteradas diatribes contra a invenção intelectual, ele parece ter bastante disso.

Tem bastante de invenção, sim, mas nem tanta. Eu recém tinha voltado de uma viagem à França, e surgiu um concurso de contos policiais na revista *Siete Días*[77]. O prêmio era uma

---

76. Conto escrito para um concurso da revista *Siete días*, em 1975, mas publicado somente em 1987, na coletânea *Espacios libres*. [N. do R.]

77. Semanário de notícias criado em 1967 e publicado inicialmente pela Editorial Abril. [N. do R.]

viagem à França. Eu achava que queria voltar. No júri estava Borges. E eu disse a mim mesmo: "vou fazer um conto com espelhos para Borges". Mas parti da minha situação naquele momento; eu era um estudante me preparando para ingressar na Faculdade de Medicina e na minha casa tinha um esqueleto (que subterraneamente me produzia um pânico indizível). Bom, no fim não houve muita invenção; antes de escrever o texto, sequer sabia que o assassino era eu. Só forcei um pouco aquilo do Parque Rodó, para colocar espelhos para Borges.

Terminei o texto e o aprimorei em tempo e forma, mas, no fim, acabei não enviando para o concurso; percebi que tinha medo de ganhar, e que tinha medo de viajar (o medo continua até hoje). Outro uruguaio ganhou o prêmio, o filósofo Juan Fló[78] (acho que o nome de Fló é Juan).

Eu continuei me sentindo mal sobre o "assunto do cão"[79]. Prevejo seu conselho de que eu escreva essa história, e até pode chegar a render um bom conto, mas isso não evita que eu sinta remorso. Ninguém vive artisticamente o tempo todo. É necessário sair para comprar pão, fazer as coisas de todos os dias com um mínimo de segurança e rotina.

Seria bom que você lesse o que fala Jung sobre "a sombra". Eu tentei escrever o romance *Desplazamientos* a partir da minha sombra, e por isso ninguém o aguenta. Há uma citação de Jung no começo do romance que diz alguma coisa

---

78. Juan Fló (1930-2021), professor uruguaio especialista em filosofia da arte. [N. do R.]

79. Uma experiência em que me envolvi e que indiretamente ocasionou a morte de um cachorro.

sobre como você aceitaria mais facilmente sua sombra se ela fosse somente má. Porém, mais do que má, ela é mesquinha, avara, e outras coisas que custa mais aceitar.[80]

Mas a sombra é real; é como um pequeno planeta sempre em oposição a esse outro pequeno planeta chamado eu, de tal forma que a partir do eu você nunca pode percebê-la diretamente. Precisei de muita introspecção, durante dois anos, para escrever esse romance. No fim, pago as contas da minha sombra; a tragédia do eu é corrigir esses fatos que parecem alheios. Então, você não tem que se sentir anormal por perceber em você algo que está em todos, mas que poucos percebem; faz falta, justamente, viver de forma artística para poder percebê-lo. E você vive artisticamente, e é por isso que lhe estimo em *mui* alto grau. Pena que você seja um adorador do bezerro de ouro.

Depende... De quantos quilates estamos falando? De qualquer modo, acabo de terminar "El lugar", e gostei muito, sobretudo da primeira metade, tem uma força incrível.

Eu continuo empolgado com o primeiro terço (a primeira parte). A segunda soa artificial, intelectual, um pouco forçada para chegar à terceira, que, na verdade, corresponderia a outro romance. Sempre considerei *El lugar* um romance um tanto desprezível, embora tenha sido, e ainda seja, o que mais agradou e o mais conhecido a partir de sua publicação

---

80. A citação diz, textualmente: "Todo indivíduo é acompanhado por uma sombra; (...) Se as tendências reprimidas da sombra fossem totalmente más, não haveria qualquer problema. Mas, de um modo geral, a sombra é simplesmente vulgar, primitiva, inadequada e incômoda, e não é uma malignidade absoluta". (*Psicologia e Religião*, Carl Gustav Jung).

no *El Péndulo*[81]. Mas defendo a primeira parte, e perdoo a minha inconsequência por tê-la continuado porque entendo os motivos: estava perdendo o protagonista, me sentia identificado com ele e não queria morrer. Por isso abri para ele uma portinha falsa. Talvez eu ainda esteja vivo por causa desse truque.

Me fez lembrar de – ah, esta capacidade de associação – "Solaris", o planeta que muda segundo as pessoas, de Tarkovski.

Elogiosa associação (para mim).

E na imagem do acampamento entre arbustos e paredes, com a natureza em movimento, me veio à mente "Stalker".

Meu favorito de Tarkovski. Por via das dúvidas, aviso que o vi pela primeira vez há quatro ou cinco anos (e, em poucos dias, todos os outros filmes, pela primeira vez), ou seja, aproximadamente uns trinta anos depois de escrever o romance.

Você disse em uma entrevista "Se meus livros chegassem a muitas pessoas, certamente cairiam em mãos que não deveriam cair. Pessoas que não se conectam com eles, que não dialogam. Prefiro pensar em meus leitores como amigos que passam trabalho para conseguir meus livros. Não gosto nada da ideia de um público indiferenciado e estendido". Isso não me convence como argumento.

---

81. El Péndulo, é uma revista literária especializada em ficção científica e literatura fantástica criada em 1979 pelo matemático e editor uruguaio Jaime Poniachik (1943-2011), pelo escritor e tradutor espanhol Marcial Souto Tizón (1947) e pelo humorista, desenhista e editor argentino Andrés Cascioli (1936-2009). [N. do R.]

"Sempre considerei El lugar um romance um tanto desprezível"

Bom, isso foi o resumo do jornalista (muito bom, aliás) de uma conversa bem mais extensa e complexa. Também é verdade que nesse tema, como em muitos outros, sou bastante ambivalente (tenho certeza que, embora tente me esconder, em mim existe também um anão que se esforça para aparecer na varanda e cumprimentar uma multidão com os braços pra cima). Também é verdade que minhas políticas têm mudado com a idade; mas agora, diante da velhice galopante, acabo de começar tratativas com um advogado para esclarecer certos problemas de direitos e, depois, tentar estender a publicação dos meus livros; com intuito meramente econômico, para poder pagar um lar para idosos para mim.

Estou lendo "El discurso vacío". Preciso dizer que, embora me prenda, me leva lentamente a um estado depressivo.

Certamente.

Acredito que tem a ver com a minha situação real, de leitor, que se reflete em algumas partes desse texto.

Pode ser, mas não necessariamente; eu acho que deprime qualquer um.

Nele encontro semelhanças com um livro de Herman Hesse.

Que horrível é isso para mim... A não ser que você se refira a *O Lobo da Estepe*, mas tenho certeza de que você NÃO se refere a esse, e sim a seus livros de hinduísmo ou seja lá o que for, no fundo, um lixo ideológico.

Aqui seguem dois fragmentos do livro:

"Quando a alma sofre, pode se expressar de diversas formas, e o que para alguns se apresenta como ácido úrico e prepara a desagregação do eu, em outros cumpre o mesmo objetivo, sob a forma de alcoolismo, e em terceiros se condensa em um pedaço de chumbo que subitamente penetra no seu crânio".

"E quando hoje, poucos dias antes do final da minha cura, reflito sobre como pôde ocorrer, quando procuro as causas do meu extravio, só preciso ler algumas páginas dessas anotações para ver o motivo com claridade. Não foi culpa da minha inclinação para sonhar e fantasiar; nem da minha falta de moralidade e civismo, foi exatamente o contrário. Eu tinha sido moral demais, sensato demais, cívico demais! Também dessa vez cometia o velho e eterno erro em que tinha incorrido centenas de vezes. Queria adaptar-me a uma norma, queria submeter-me a exigências que ninguém me impunha, queria ser ou aparentar ser alguém que não era eu.

E assim tinha me violentado mais uma vez, a mim e à vida toda."

("En el balneario". Herman Hesse. Ed. Bruguera, 1977)[82]

Ok. Existe certamente uma afinidade. Mas o estilo...

Você deveria ler esse livro.

Sim, a verdade é que você conseguiu despertar meu interesse. Obrigado...

---

82. No Brasil, o relato – como outros de Hermann Hesse citados adiante – foi incluído em *Minha vida* (1972), coletânea de textos autobiográficos de Hesse traduzidos por Affonso Blacheyre. [N. do R.]

"Escrevi as coisas literárias com total liberdade"

París
La ciudad
Outra vez Buñuel e Hesse.
O processo criativo e a poesia.
"Los carros de fuego".
"Los ratones felices".

Terminei de ler "París", gostei muito, as asas do protagonista foram uma agradável surpresa e, de modo geral, achei esse romance o melhor dos três; talvez o final seja menos memorável (na minha imaginação, por exemplo, persiste o final de "La ciudad"; o final de "El lugar", por sua vez, ficou perdido). Pela forma como estava se afigurando o protagonista, talvez pudesse terminar mais alegre, estilo Buster Keaton. Não entendi isso dele rir e chorar ao mesmo tempo.

Por que você não é um histérico.

Seja como for, não sou eu quem determina os finais; tentei mudar o final de *La ciudad* muitas vezes, porque o Tola não gostava. Uma noite em que fiquei involuntariamente bêbado (um copo de vinho mais um remédio para tosse) e senti que iria morrer, as minhas últimas palavras (ditas para meus pais, que logo chamaram o médico) foram "Digam pro Tola que não consegui mudar o final de *La ciudad*".

E quando eu e Pablo Harari[83] lembramos dos termos do contrato para *El alma de Gardel*, ele me disse: "Agora que isso ficou acertado, há um tema que...". Interrompi-o: "Não, não há o que fazer; o final é esse. Eu também não entendo, mas é assim, e pode ter certeza de que não existe outro possível".

Bom, no fim das contas estou falando apenas dos últimos 3 ou 4 parágrafos.

...que sempre são cruciais... São eles que costumam determinar que o leitor feche o livro dizendo "este livro é uma merda".

E o Tola[84] não disse por que não gostava do final de "La ciudad"? Aquilo ficou gravado em mim, todo o romance é um trânsito do 1 para o 2, do eu para os outros.

Segundo o Tola, o último parágrafo fazia tudo voltar ao começo, especialmente pelos adjetivos ("esse sonho, denso, profundo, negro"). Tinha razão, mas a coisa era assim, e era isso.

---

83. Editor uruguaio de Mario Levrero. [N. do R.]
84. José Luis Invernizzi (1918-2001), importante pintor uruguaio e um dos mentores de Mario Levrero.

Repito que do final de "El lugar", não sei por que, não consigo lembrar.

Seria interessante interpretar esse esquecimento. Alguns anos atrás, quando eu me sentia perdido e não sabia direito o que me acontecia, tentava recitar a lista dos pecados capitais para ver de qual ou de quais me esqueceria. Os resultados eram sempre interessantes. (Agora não o faço mais; tenho certeza que esqueceria muitos).

Aproveito para dizer que tenho o livro de Buñuel ao teu dispor. Na semana passada me acabaram os romances policiais e acabei lendo de uma vez só. Notável. Ele não decai em nenhum momento. Esse Carrière[85] é muito bom...

O que estranhei é que o livro está traduzido do francês e, no entanto, soa espanholíssimo, e me convenceu de que era exatamente assim que falava Buñuel (e em espanhol). É estranhíssimo que tenham alcançado um estilo pessoal depois de passar por tantas mãos.[86]

Bom, pensando bem, isso coincide com aquilo que eu disse da minha leitura: a primeira vez li pensando que tudo que contava era verdade; anos mais tarde, depois de ter lido muito sobre a guerra civil, concluí que era tudo mentira – no sentido de exagero ou fantasia – e também li de uma só vez. O estilo pessoal seria isso; contar o que aconteceu (a verdade) a partir de uma

---

85. Jean-Claude Carrière (1931-2021), escritor, roteirista e diretor francês. [N. do R.]

86. Em conversas mais diretas, Levrero disse que continuava pensando em algo nesse caso que achava extraordinário e inexplicável: como alguém conseguia manter o seu estilo pessoal por meio de outra pessoa e de outra língua.

perspectiva individual e irrenunciável, que não coincide com a de ninguém (a mentira).

Não sei se se deve chamar de "mentira". Ao menos na arte, as coisas decorrem em um nível da realidade que não é acessível à consciência, e menos ainda à consciência alheia. Mesmo fora da arte, costumamos chamar de "verdade dos fatos" aquilo que várias pessoas afirmam, e desconfiamos se somente uma diz algo diferente. Mas vá saber como são as coisas.

Voltando ao estilo pessoal, tema infinito, insisto que não é o que se conta, mas como se conta; e não por causa da perspectiva, mas pela maneira de contar. De onde se conta. Se for feito a partir do eu, o estilo costuma sair convencional ou, digamos, rebuscado ou trabalhoso. O estilo pessoal provém, pela minha experiência, de um outro eu, a quem o eu costuma incomodar quando intervém.

Minha ressalva com isso que você disse é que não acho essas categorias – o eu, o outro eu – tão definidas e estáticas como você propõe. Não tenho isso muito claro, mas acho que no processo criativo o outro eu ganha força ao mesmo tempo em que o eu a perde ou simplesmente resigna-se, extasiado diante do resultado.

Então vai ficando possível a interação, o "pra você-pra mim", fazendo com que algo que começou com uma imagem resolva ou esclareça o seu sentido com o tecido ou o polimento da consciência. Ou algo do tipo.

Enfim: insisto com a ideia da imagem que, na revelação fotográfica, a cada banho, vai ficando mais e mais nítida. Não apenas os líquidos vão expondo a imagem que aos poucos emerge no papel: também intervêm as mãos que a seguram e o olho que controla *(grande título para um romance de espiões: "o olho que tudo controla")*.

Olha, isso que você disse é genial. Muito afinado e bem expressado. Eu falava que era como o rascunho, ou a primeira lição, ou a introdução ao assunto; muito esquemático, sim. Mas na minha experiência as coisas acontecem exatamente como você diz.

Você tem um terceiro indicativo, a experiência do público leitor. Público que, necessariamente, deve interagir nesse relacionamento criativo entre, por chamar de algum modo, o eu e o outro eu (artístico).

Não é meu caso, fora da experiência que poderíamos chamar de jornalística[87], ao escrever com o supereu (censura). Meus textos propriamente literários foram escritos na maior liberdade.

Mas você falou do seu "bem-sucedido discurso vazio", e falou de um romance que ninguém gosta e que você aprecia em alto grau, "Desplazamientos". Esse terceiro discurso do público leitor deve potencializar ou menosprezar o outro eu, suponho.

Isso que você falou não acontece quando eu publico, mas com os leitores amigos que aceitam ler os originais. Por outro lado, graças a Deus, o público leitor é bastante inexistente (fora no caso de *Posdata*); poucas vezes você se inteira do que o público pensa, e poucas vezes interessa o que o público pensa. Sobretudo os críticos de imprensa. As grandes contribuições chegam quase que exclusivamente dos amigos. A crítica, para o meu gosto, é uma atividade desnecessária,

---

87. *Irrupciones*, colunas na revista Posdata.

improdutiva, muitas vezes destrutiva. Às vezes é útil para livros antigos, porque pode ajudar o leitor a se localizar em um contexto que lhe é completamente alheio. Por exemplo, A Divina Comédia: se você não tiver a ajuda de referências, perde o sentido da maioria das coisas.

Uma crítica bibliográfica deveria informar sucintamente que saiu tal livro, que tem tantas páginas, que custa tanto e, em todo caso, que o autor também escreveu tal coisa e tal outra. E, se quiser, transcrever um fragmento do início (que é muito útil para calibrar mentalmente o conjunto).

Você não fazia críticas literárias na imprensa?

Sim, trabalhei fazendo resenhas e similares: todos temos o direito de ganhar algum trocado. Lembro com carinho de uma resenha bibliográfica que fiz para um livro de poemas de Melissa Machado[88]. Fiquei meses procurando inspiração porque tudo que me vinha à mente era barato e me parecia desprezível. Um dia acordei iluminado e consegui fazer uma linda resenha. Mas um jornalista não pode trabalhar assim, e por isso acho condenável o jornalismo; acabou se transformando em algo bastante inútil, desnecessário e pernicioso.

Então, você já ficou de ambos os lados do balcão. Você acha positivo polemizar com os críticos? Há uma carta dura de Leo Maslíah[89] a propósito de uma resenha que alguém fez no suplemento cultural de El País sobre um livro dele.

---

88. Melissa Machado (1966), poeta e jornalista uruguaia. [N. do R.]
89. Leo Maslíah (1954), compositor, pianista, cantor e escritor uruguaio. [N. do R.]

Sim, conheço essa carta. Acho que é um erro polemizar com os "críticos". Eles fazem a cabeça de qualquer um ferver. Nesse caso, a reação de Leo foi por causa, justamente, desse acomodar-se com soberba no lugar comum, ou em algo pior. O que deve ter feito ele optar por responder deve ter sido algo que também me tira do sério: o uso, por parte do crítico, da primeira pessoa do plural na frase "o conjunto de experiências que chamamos realidade". Chamamos? Quem? Quando o crítico, depois de uma linha, se coloca do lado da "realidade", me ferve o sangue.

Voltando ao assunto do começo, existe um outro elemento além do público leitor, que é a vontade, o uso que o escritor faz da vontade. Esse "deixar o outro fazer" – esse outro que, quando se manifesta, pode virar parceiro do eu no ato criativo.

Não provém necessariamente do eu. No meu caso, a literatura é mais compulsiva. Mais ou menos como o cigarro ou a comida. "Eu" não quero fumar, e menos ainda agora que tenho bronquite.

Lembro de uma história da entrevista que você fez com Leo Maslíah. Ele contava sobre um aluno que procurava incansavelmente seu próprio estilo musical e Maslíah o orientou com uma frase que soou muito zen: "irás encontrá-lo quando deixares de procurar".

Isso está mais perto do que eu estava dizendo que do que você estava dizendo. Quando o eu procura, é difícil ele achar, porque estorva, quer dirigir demais algo que não sabe.

Mesmo assim, tudo parte de um ato voluntário: "deixar de procurar". Li poesias suas na página de "Civiles Iletrados"[90] na web e, na verdade, não achei tão distantes do seu universo literário. Por que você não continuou escrevendo poesia?

Poucas vezes levo a sério a poesia; quase sempre vou para o lado da chacota, e realmente não tenho noção do que é poesia, exceto quando surge naturalmente, como em *Caza de conejos*.

Bom, mas houve uma primeira escolha, um ato volitivo, em algum momento inicial você se enxergou como escritor de narrativa e não de poesia, certo?

Insisto que tudo isso não provém do eu. Aliás, antes de escrever *La ciudad* escrevi um poema que o Tola e sua mulher gostaram muito, mas logo depois saiu o romance e não veio mais poesia.

Essa primeira decisão determina toda a aprendizagem posterior de técnicas literárias e de correção.

Há técnicas de correção, mas não de escrita. A verdade é que o eu aprende as técnicas que o inconsciente cria, e é por isso que, quando você falseia a coisa, acaba imitando "a si mesmo". É esse meu caso, mais uma vez, com as "Irrupciones" de *Posdata*. O eu até pode se fantasiar de escritor e enganar bastante bem, mas a mim ele não engana...

Enquanto eu lia seu romance gráfico-cibernético, pensei "este é o mesmo espírito de Nick Carter".

---

90. Ver anexo.

Você é muito intuitivo. Na verdade esse não tem nada do espírito Nick Carter, mas, ao mesmo tempo, escrevi uma tentativa de novelinha; no final comecei a acelerar porque vi o final e me bateu uma ansiedade; por enquanto é um relato de 23 páginas[91], e esse sim, tenho certeza de que tem muito do espírito Nick Carter. E algo de *El alma de Gardel*.

Na história que estou escrevendo[92] não sei o que vai acontecer; às vezes a mão escreve para completar algo ou para sondar por onde o texto tem que ir, ou simplesmente por desespero.

Precisa deixar o tempo passar. Esse relato ("*Los carros de fuego*") que escrevi em janeiro (de 2003) é uma absoluta besteira, mas fiquei muito satisfeito. As pessoas que o leem se sentem um pouco chocadas, mas, no geral, gostam. O texto não tinha apenas erratas, tinha lacunas; só consegui retomá-lo alguns dias atrás, e tudo saiu muito fácil e rapidamente. O passo do tempo, entre outras coisas, faz milagres na visão que você adquire do texto.

No meu caso, o "eu" sempre diz "isso é uma absoluta besteira". E o pior é que às vezes acredito nele e paro de escrever, e logo depois fico gripado.

Mais do que eu, soa a "supereu". É a vozinha de merda que todos os escritores têm.

Imagino que em algum momento essas crises "de confiança" tendem a diminuir, ou a entediar, de tão repetidas.

---

91. Refere-se ao relato *"Los carros de fuego"*.
92. *"Vienen por mí"*, incluído no livro Entrar en el juego. Ed. Yaugurú 2006.

Não sei se diminuem ou se você vai se importando menos.

Eu sempre achei importante me divertir ou, às vezes, sofrer um pouco, mexer com a alma, digamos. É a minha resposta interior à vozinha desvalorizadora: "sim, pode ser uma besteira, mas me divirto".

Talvez não tenha nada a ver, mas todas essas inseguranças soam a imaturidade adolescente.

Não tenha tanta certeza. Eu continuo com as minhas crises adolescentes, um pouco polidas pela velhice. Mas entendo que é uma grande sorte que tanto meu menino quanto meu adolescente não estejam enterrados. Geralmente reajo de imediato quando alguém se situa em um plano de, digamos, senso comum. Não acho que as coisas adolescentes ou infantis sejam algo para sepultar; geralmente são coisas que enriquecem as pessoas. Isso não fala contra a maturidade, mas contra uma falsa maturidade, que é o que domina esta sociedade. Uma série de atitudes engomadas que não são realmente maduras porque correspondem a pessoas não individualizadas, a protótipos; a bem dizer, vegetais. Acho que a verdadeira maturidade inclui um menino e um adolescente intactos.

Como se diz: "de perto ninguém é normal"...

Exatamente. Por sorte, o ser normal é uma figura de ficção. Alguém criado e totalmente modelado pelas normas seria insuportável. Bom, vou mandar para você o relato "Los carros de fuego". É um rascunho avançado, mas ainda é um rascunho. Agradeceria qualquer tipo de comentário.

"Escrevi as coisas literárias com total liberdade"

Comecei a leitura, até agora está muito bem, gosto, decididamente tem alguma coisa de "Nick Carter" aí.

Alguma coisa, mas pouco, eu acho. Sobretudo no começo.

Não sei se ajuda, mas li o primeiro parágrafo para a senhora minha esposa sem dizer quem era o autor, e ela disse: "isso parece de um menino de escola".

(Risadas) Continue com suas fofocas, por favor... Sempre salvam meu dia.

Já terminei. Olha, está muito bom, o final talvez demasiado apertado, mas é simplesmente muito bom.

Obrigado! Sua opinião me agrada, especialmente considerando o difícil que é concordarmos em algo. Você não é precisamente uma pessoa que diga amém a tudo que alguém diz ou faz.

Talvez precise de uma decantação no primeiro terço.

É provável que você tenha razão, mas não há nada que eu possa fazer. O texto me supera. Começou com um tom de brincadeira que logo foi mudando por conta própria. Curiosamente, é um produto secundário do "romance gráfico" que nasceu de brincar com programas de imagens e que depois continuei paralelamente; se não trabalhava no romance gráfico não podia continuar com esse texto. A propósito: sugiro ficar atento ao efeito motivador de trabalhar com cores e formas. É incrível.

Depois o texto ganha em velocidade e altura e não para mais de crescer: a cena da casa e do quiosque é brutal, você poderia ter escrito várias páginas mais sem perder nem uma grama de interesse. Bem, isso que estou dizendo não é muito crítico, mas como leitor, gostei.

É justamente o tipo de crítica que mais me interessa. Ou o único tipo de crítica que me interessa (gostei, não gostei; se é "não", gostaria de saber o porquê).

Muitíssimo obrigado. Muito estimulante esse comentário. O impulso plácido e prazeroso que sentia enquanto escrevia certamente nasceu do trabalho com a plástica, que muda sua cabeça de um modo imprevisível. É fantástico. Eu sempre disse que os escritores são uns desgraçados e uns amargurados, enquanto os pintores são pessoas felizes. E operar a partir da plástica mexe prodigiosamente com os ânimos. Às vezes, para sair de alguma depressão, invento de ir para a rua com "o olhar de artista plástico"; procurar ver o mundo como espaços, formas e cores, sem discriminar mais nada. E dá muito bons resultados.

Preciso lhe dizer algo sobre como termina o relato: o aparecimento, no final, do velho Pedro, o vizinho, achei forçado. Não lembro de ele ter sido mencionado anteriormente, e, se foi mencionado, não lembrava dele.

Surpreendeu-me também; ou melhor, assustou-me. Essa versão é de junho. O texto foi escrito em janeiro. Acontece que, a certa altura, quando eu ainda achava que estava largando chutaços alegremente e a esmo, apareceu o final; vi chegando, vi chegando, e já não consegui pensar em outra coisa.

Mas quando aparece de improviso, na cena final, o leitor (eu) se distrai dizendo "e esse velho, de onde saiu?". Poderia ser solucionado facilmente mostrando-o no início, como uma figura secundária, um vizinho que passava por ali. No final, no clímax do relato (onde se expressa magistralmente a tese de que "nada é o que parece"), não surpreenderia tanto vê-lo transformado em um flamante São Pedro.

Talvez você tenha razão, foi incrível ver ele aparecer. Agora já não posso tocar mais, salvo em algumas palavras isoladas ou alguma expressão, sei que têm coisas que não fecham completamente, mas a gente não é ninguém.... Se não vi nada, não posso botar. Agora você me fez lembrar do Tola, quando ele leu, há muitos anos, o original de *El crucificado*[93], me comentou por cima sobre esse São Pedro, e fiquei muito impressionado porque eu via dom Pedro e nada mais. Agora outra vez me fugiu; é incrível.

(Só agora descobri que o gato do amigo também se chama Pedro; é possível que mude o nome, mas estou na dúvida. Talvez haja uma relação secreta mas, de qualquer forma, seria algo muito forçado. Vou pensar nisso... Por exemplo, mudar o nome do gato não me incomodaria; no entanto, acho um sacrilégio meter o vizinho de golpe).

Tanto em "Los carros de fuego" quanto no conto "Los ratones felices"[94] *o protagonista descobre que nada daquilo é o que parece; os dois são relatos cheios de humor e de transcendência metafísica.*

---

93. Conto publicado em *Espacios libres*, de 1987. [N. do R.]
94. Outro conto de *Espacios libres*. [N. do R.]

Acho que você se deixou levar pelos ratos... Um não têm nada a ver com o outro! Exceto que nos dois há ratos. Pelo visto, isso de que nada é o que parece ser é uma constante em tudo que escrevo. Quem apontou isso, já faz alguns anos, foi o Maca[95], em uma síntese biográfica dessas que apareciam no *Cultural*[96] na data de nascimento de vários personagens.

A primeira vez que li "Los ratones felices" achei que era uma paródia de ficção científica, mas agora vejo que é bem mais.

É possível que seja mais, mas é uma paródia de ficção científica; pelo menos achava que era isso que eu estava fazendo enquanto escrevia. E é assim mesmo; parodia-se até a linguagem.

Está bem. E seguindo dentro do mesmo livro de contos ("Espacios libres"), a imagem do bebê gigante no conto "Las orejas ocultas una falla mecánica". Com o que ela está relacionada?

Acho que é uma visão de mim mesmo. Tenho dentro de mim um bebê que cresce mas não amadurece, e sempre está com fome.

Muito engraçado. Lamento informar que não consegui terminar a leitura de "Ya que estamos"[97]; até o momento é o único livro seu que me supera, não posso terminar de ler.

---

95. Gustavo Wojciechowski (1956), escritor, desenhista e editor uruguaio.
96. Suplemento do jornal *El País*. [N. do R.]
97. Publicado em 1986. [N. do R.]

"Escrevi as coisas literárias com total liberdade"

Você alguma vez testou pular os primeiros cinco capítulos, aqueles dos sistemas? Muita gente para por ali, mas se passa desses capítulos, engrena.

Veremos. Você conseguiu começar, finalmente, a biografia de Swedenborg[98] que mandei?

Ainda não... E não sei se...

E o livro "En el balneario" de Hesse?

Hesse sim. Ao contrário do que você falava, adorei "*En el balneario*". (Nem sei porque ele escreveu "*Viaje a Nuremberg*"; não é de nada!), exceto os últimos capítulos (*Mejoría, Mirada retrospectiva*) onde ele se torna um energúmeno ideológico. A parte parapsicológica disso tudo está no "*El holandês*"; você fez o livro chegar até mim e eu fui protelando a leitura até viver eu mesmo um processo quase idêntico, não com respeito a um holandês, mas aos bares que brotaram como cogumelos ao redor da minha casa e fazem um barulho infernal[99]. Quando peguei o livro e cheguei nesse capítulo, não podia acreditar.

Por sinal, seu livro de Buñuel já está na estante das coisas para devolver.

---

98. Emanuel Swedenborg (1688-1772), cientista, inventor e 'espiritualista' sueco. [N. do R.]

99. Em 2003 aconteceu um verdadeiro êxodo de bares para a quadra do bairro Ciudad Vieja onde Mario morava, a ponto de sua rua se converter no centro de um grande "agito" noturno que congregava umas 30 mil pessoas por final de semana.

Vou ter que visitar você para aproveitar e recriminar a idiotice de seus preconceitos antibuñuelianos.

Não são preconceitos, são conceitos. Eu fui admirador de Buñuel por muitos anos, até aprender a ver cinema. A mesma coisa aconteceu com esse diretor horroroso chamado Charles Chaplin.

E o que você acha dos filmes do iraniano Abbas Kiarostami?

O que eu poderia dizer... Não vi nada desse rapaz. Mas considerando as opiniões recebidas, todas elogiosas, deveria; no entanto, não sinto que tenha afinidade com o cara. Vou ter que provar...

"Não tenho afinidade"? E o que você poderia ter em comum com um iraniano que usa barba, óculos, e que nasceu em 1940? (resposta: as três coisas). O que acha de Graham Greene? Estou lendo "O condenado"[100]; vi o filme há anos, em preto e branco, de 1947, com Richard Attenbourough, e adorei.

Tem algumas coisas magistrais e outras nem tanto. Gosto particularmente dos textos de espionagem, e releio com frequência O *terceiro homem*[101]. Lembro de ter gostado muito de O *poder e a glória*[102], mas não sei que pensaria dele agora. Também O *Americano Tranquilo*[103]. Depois comecei

---

100. *Brighton Rock* (1938). [N. do R.]
101. *The third man* (1949). [N. do R.]
102. *The Power and the Glory* (1940). [N. do R.]
103. *The Quiet American* (1955). [N. do R.]

outros que não consegui continuar, e acho que um deles era justamente O condenado...

Também li "Frankfurt", o romance de Ana Vidal[104], e é realmente muito bom, melhor do que eu esperava, e esperava algo bom.

Ah, ainda bem! Sempre tenho medo de estar errado nas minhas opiniões. E apesar das nossas divergências habituais, respeito muito as suas opiniões. Eu fiquei fascinado; como ela me enviava os capítulos à medida em que os concluía, experimentei por um tempo a ansiedade de quem acompanha um folhetim. O pior é que me senti identificado, e até senti dor na barriga quando lia sobre o parto. É incrível ler essa Ana solta e vivaz.

Falando de cinema, há uns dois dias atrás vi "O pianista" de Polanski, o filme ganhou a Palma de ouro de Cannes e arrasou no Oscar. Para além da correção, surpreendeu-me a falta de originalidade: a mesma história de judeu-polaco-preso-no-gueto-de-varsóvia-e-depois-perseguido.

Quando um indivíduo chega perto do final de sua carreira começa a se preocupar com o Oscar e, frequentemente, essa temática é o caminho mais efetivo para consegui-lo. Estranhei que não tenha ganho o Oscar de melhor filme.

Mesmo assim, de alguma forma me identifico com essa luta que o filme expõe: a brutal colisão do mundo objetivo (nada menos que Europa na Segunda Guerra Mundial) com a alma do artista.

---

104. Referência a *Frankfurt: Cruce de Caminos* (2004) da escritora uruguaia Ana Vidal (1960). [N. do R.]

Tudo parece conspirar para que o pianista abandone a sua arte e salve sua vida. No entanto, esse mesmo mundo que não consegue derrotá-lo acaba o aplaudindo no final.

Não é apenas contra a alma artística, é contra a alma. O artista comete o pecado de deixar a alma em evidência, e a alma não deveria existir segundo isso que você chama de mundo objetivo. No entanto, alguns artistas conseguem se impor. Outros terminam em agências de publicidade...

"Deve-se escrever quando se sente a necessidade"

Origem do bloqueio.
O pânico às imagens interiores.
O poderoso aparelho de imaginar.

O bloqueio desapareceu; acho que era por escrever sem saber para onde estava indo, e quando aparecia o tema eu achava "pouca coisa", não me entusiasmava. Mas descobri que qualquer "pouca coisa" pode ser apaixonante se reflete você; e se é apaixonante, inevitavelmente vira literatura.

Finalmente! É exatamente assim.

Não apenas isso, aqui vai uma reflexão quase metafísica e a título de premissa aforística que enviei para outro amigo: "pode-se empreender coisas artísticas, coisas importantes, de dois modos diferentes, isto é:

> *a) Achando que se está fazendo algo realmente importante, que derivará inevitavelmente em um certo grau de belicosidade, militância e más intenções para defender aquilo que, no fim e (em parte) graças ao comprometimento do autor com sua obra, será importante. (Essa via é mais rápida e provoca úlcera).*
>
> *b) Pode-se realizar coisas achando que não são importantes, assim, a coisa em questão será importante por ela mesma, sem ajuda nem golpes de espadas defensoras. (Essa via é mais lenta, mais insegura e gera ansiedade)."*

A minha postura é outra: eu só faço aquilo que sinto que é importante para mim, e tento não fazer nada que não seja importante para mim. Ou mais do que importante, necessário. A importância que possa alcançar para os outros pode começar a interessar-me muito depois, e sempre de um modo mais relativo.

De qualquer forma, cada vez escrevo textos mais longos, em intervalos de tempo cada vez maiores, para cada vez menos leitores, e com menor sucesso.

Ou seja, está amadurecendo aceleradamente.

Hoje ouvi no rádio que vai ter uma exposição dos quadros do Corpus Christi de Tola, no bairro Carrasco; seria bom você descobrir onde vai ser, e já aproveita e me conta.

Ué? Mas quem está nisso da informação é você... Não faço a mínima ideia de como descobrir essas coisas. Só fico sabendo das coisas quando as pessoas têm a gentileza de me informar (por exemplo, das eleições na Argentina; fiquei sabendo agora há pouco, por e-mail), pois não assisto TV (exceto quando vou no posto da esquina comprar tomates), não escuto rádio, não leio jornais, não navego na internet...

Você sabe que eu bloqueei de novo?

Se ficar bloqueado é porque: 1) em algum ponto do relato não se orientou pelo que você sente interiormente e, sem inspiração, criou um nexo intelectual direcionado àquilo que vem depois no texto, ou 2) porque o argumento do texto está terminado e você não percebeu. Isso se ajeita com umas poucas linhas de fechamento. No caso 1, não, para resolver isso precisa encontrar o nexo fajuto e eliminar tudo o que veio depois.

E se em lugar de um bloqueio for simplesmente uma "seca"?

Você não deveria sentir que perde identidade quando não escreve; eu passei, e passo, anos inteiros sem escrever, e não me abala nem um pouco. Deve-se escrever quando se sente a necessidade. Deixar que chegue...

Qual seria a origem do bloqueio?

Pablo, você é uma espécie de Archie Goodwin (Archie é o ajudante de Nero Wolfe, e a sua função principal é dar trabalho a Nero Wolfe, que raras vezes deixa voluntariamente a leitura para atender um caso).[105] Você tem uma grande

---

[105] Personagens de vários romances policiais do escritor norte-americano Rex Todhunter Stout (1886-1975), mais conhecido apenas como Rex Stout. [N. do R.]

habilidade para me deixar brabo com essas questões, e tenho que respondê-las mesmo durante o verão.

Mais de uma vez (por exemplo, no meu bem-sucedido *El discurso vacío*) escrevi sobre dificuldades para escrever. É preciso trabalhar com a matéria prima que se tem; toda experiência pessoal é única e infinita, e valiosíssima, e isso é o melhor que você pode dar aos outros.

Não sei se você já teve alguma experiência com psicoterapeutas; eu tive várias a partir dos 30 anos. Li muito material psicanalítico, de diferentes autores e, a essas alturas, eu e meu inconsciente já ficamos bem íntimos.

Em geral, as pessoas ignoram que existe toda uma vida subterrânea que, em geral, é muitíssimo mais vasta e mais rica que a vida consciente, e atribui suas condutas e reações a coisas visíveis e palpáveis que, em geral, não têm muito a ver com a verdadeira origem. (Noto que escrevi "em geral" três vezes no mesmo parágrafo, e com esta, quatro).

Isso é possível quando existe uma rejeição, habitual em pessoas extrovertidas, pela introspecção. Muitos daqueles que tentam se concentrar e explorar as imagens internas têm ataques de pânico; às vezes também dizem que se aborrecem, o que seria algo parecido: aborrecer-se vem do latim, *ab horrere*, é algo como horrorizar-se (aborrecer tem a mesma raiz).

Nas oficinas presenciais vi casos alarmantes, até de reações físicas (como vômitos, no caso de uma aluna, ou insônia prolongada, no caso de outra), somente por entrar em contato com a imaginação.

O aparelho de imaginar é muito poderoso, e quando você o faz funcionar pela primeira vez (falo daqueles que viveram muitos anos ignorando-o ou reprimindo-o) sente uma forte rejeição, e até nojo. Aconteceu comigo quando comecei a escrever; esse aparelho apareceu em um sonho sob a forma de uma babosa gigante (coincidência esse texto seu?)[106] que tinha um olho que me olhava no olho; ele me repugnava e eu batia nele com um pau até que o olho chorava e eu me sentia culpado.

Não sabia disso das babosas, mas a coincidência com o meu conto é surpreendente. Você já contou isso alguma vez? Quer dizer, em alguma entrevista?

Não lembro; acho que é uma novidade, mas não tenho certeza.

Bom, teoricamente posso entender e chegar a concordar bastante com você. Mas na arte a teoria não vale. Simples assim. Hoje eu estava lembrando de algo que você disse há tempos, quando comentei que me sentia desconcertado com uma história que eu estava escrevendo.[107] O ponto de partida foi uma frase que deslizou no teclado: "crapulosamente enfrentei meu amigo e brindei com ele". Enquanto escrevia isso, vi um brinde e tive uma sensação de fraude.

Quando comentei isso, você me respondeu "não é possível que tenha sido a partir de uma frase, precisa existir uma imagem. Não entendo". E eu respondi que não era a partir de uma frase somente: eu enxergava, enquanto escrevia, o brinde.

Hoje penso que esse "não entendo" era um pouco quadrado. Esse dilema: ou é uma frase ou uma imagem, é uma divisão um pouco quadrada que serve para você explicar a escrita.

---

106. Refere-se ao conto "Ellas" incluído no livro *La revolución postergada*, Ed. De la Balanza, 2005.

107. O relato "Silvia", incluído no livro *Entrar en el juego*, Ed. Yaugurú, 2006.

Sim, você tem muita razão em tudo isso. Sou esquemático, um pouco forçadamente, porque quando me perguntam procuro mostrar, de alguma forma, esses processos que não são tão claros. Especialmente por causa dos alunos, mas também de alguns jornalistas. Quando só escrevia, não me questionava nem pensava no assunto. Escrever não é difícil, claro, nem há por que complicar com teorias.

Seja como for, consegui ajudar uma grande quantidade de pessoas a conectar-se com a imaginação e conseguir se expressar perfeitamente com sua voz pessoal. Muitas vezes, não porque elas cumprissem rigorosamente minhas recomendações; algumas encontraram seu estilo pela força da rebeldia ou por caminhos próprios, mas a oficina aplainou, de algum modo, esse caminho, ou encurtou os prazos, ou evitou que outras oficinas os afastassem para sempre de si mesmos.

Não é que não me convençam essas suas ideias sobre o eu e o inconsciente, é que simplesmente não sei. Não sei na prática, que é a única maneira de saber.

Sim, muita gente tem dificuldade não apenas de se comunicar com o próprio inconsciente, mas para chegar a admitir sua existência. Eu mesmo, até os 25-26 anos, indignamente debochava de tudo isso. O fato de ter conseguido essa conexão é como um nascimento para mim.

Talvez eu viva demasiadamente pendente do "de fora".

Acho que não, o fato de não passar a vida se interpretando não quer dizer que você não tenha um intenso relacionamento com seu mundo interior; você não poderia escrever do jeito que escreve se esse relacionamento intenso não existisse. As interpretações são apenas isso: interpretações. Oferecem um esquema para localizar dentro de um sistema coisas difíceis de controlar, mas isso só acalma os nervos por vê-las localizadas em um sistema coerente (verdadeiro ou não).

Falando em outro assunto, alguém me disse, referindo-se a você: "É aquário, isso explica tudo". Que será que isso explica?

Imagino que explica minha "excentricidade" (palavra mal usada, pois esse tipo de conduta é gerado por uma "centricidade" em si mesmo, ou seja, egocentricidade). Pelo visto sou um aquariano típico. Adiantado para sua época...

Quem sabe o que há nessa gaveta de alfaiate que rotulamos "coincidências".

Nesse sentido, ver a teoria da sincronicidade acausal de Carl Gustav Jung.[108]

---

108. A teoria de Jung que se baseia na correspondência entre o mundo da realidade objetiva e a subjetiva, de tal forma que ambas se interfluem, modificando-se.

"Aquilo que não está um texto, para mim não existe"

Ser leitor é muito parecido com ser escritor.
Sociologia e literatura.
Onetti.

Que interessante aquilo que você disse outro dia: "a qualidade da literatura é constante ao longo dos séculos", fiquei pensando nisso... Você tirou de algum lugar ou é ideia sua?

Tive essa ideia sozinho, há muitíssimos anos. Acho que nem escrevia naquela época.

Mais impressionante ainda é isso de que o número de bons leitores também seja constante. A qualidade da literatura não aumenta com a quantidade de gente que lê? As pessoas leem massivamente há relativamente pouco tempo, século XIX. Fica a impressão de que com o aumento do público deveria haver um aumento proporcional de bons leitores...

Essa outra afirmação minha soa menos convincente. É possível que seja correta, mas parece difícil de demonstrar. Na verdade, acho que me expressei mal; devia dizer: "é UMA constante", ou seja, o resultado de dividir algo por algo. Ou talvez falar de percentual constante. Atualmente, a massificação complica tudo; você não chega a conhecer sequer um catálogo exaustivo daquilo que se imprime, muito menos a avaliar tudo.

Mas ainda é certo que ser leitor é muito parecido com ser escritor. Acho que os grandes escritores continuam sendo poucos, e os grandes leitores também. E não podemos saber como lê quem compra livros, nem se lê realmente os livros que compra. Nem quais escritores ficarão em pé no futuro; eu tenho certeza de que os Saramago e os Paul Auster etc não sobreviverão muito. Há umas quantas pessoas que falavam maravilhas de Saramago e que, quando questionei a fundo, enfim confessaram que lhes enchia o saco, mas "achavam que deviam ler", e que eram culpadas, por ser ignorantes, por ficar de saco cheio. Enfim. É difícil chegar a algo coerente nesse assunto todo.

Recapitulando, vejo que a cada vez que envio ou digo algo que lhe desagrada, surgem reflexões interessantes e autênticas. Basta mencionar conceitos como "literatura comprometida", massificação, sociologia, etcétera, para que você reaja assim.

É claro. Certamente por se tratar do tipo de coisa que não consigo ler, por mais boa vontade que tenha. Me enrolo com as palavras, não entendo, me confundo, me causa tédio e mando tudo à merda. Acontece sobretudo com o estilo; é como se tudo ficasse encoberto por uma camada semi transparente, cinzenta. Querer enfiar a sociologia em algo tão íntimo e individual como a arte é como tentar analisar um inseto com um telescópio. O artista passível de massificação não é artista.

Comecei a ler "Os adeuses"[109], de Onetti: acho muito artificial, todo o estilo está a serviço de uma ideia, de um argumento (é como contar a história de um homem sem dar seus dados e sem deixar que fale). E sobretudo o narrador, o merceeiro, é inverossímil de tão onisciente. Nesse sentido, fico mil vezes com "Para uma tumba sem nome"[110].

Esse artificialismo, que não discuto, vejo como o maior de seus méritos. É o que acontece com seu mestre Faulkner. Esse livro de Onetti eu reli várias vezes e com o maior prazer, diferentemente de outros.

E acho que salvo em *O poço*[111], você vai encontrar pouca coisa de Onetti que não seja artificiosa.

No pequeno prólogo que Onetti escreveu para essa edição de "Os adeuses" (Ed. Bruguera, Libro amigo) diz o seguinte:
"Depois de ler inevitáveis interpretações críticas e ouvir em silêncio numerosas opiniões sobre "Os adeuses" compreendi que estava omitindo um ajuste, talvez indispensável. Para melhor entendimento, ou para que tudo ficasse flutuando e duvidoso. De Lisboa, aparece agora Herr Wolfgang Luchting[112] *escrevendo sobre*

---

109. *Los adioses* (1954). [N. do R.]

110. *Para uma tumba sin nombre* (1959). [N. do R.]

111. *El pozo* (1939). [N. do R.]

112. Autor do prólogo dessa edição.

o livro com uma graça de profundidade que nada tem de teutônica, e no final da análise arrisca, surpreendentemente, um ajuste que nos aproxima à verdade, à interpretação definitiva. Mas continua faltando um 'meio ajuste', em aparência fácil, mas ousado, e que não me corresponde completar.

O importante é que, graças a Herr Luchting, meu amigo e confrade, vamos nos aproximando.

Juan Carlos Onetti".

AAAARGGHHHH! Eu tenho essa versão da Bruguera[113], que está cheia de erros e erratas. Sempre que tentei lê-la, abandonei. Não sei que outra versão existe por aí; eu tinha a da Arca[114], que era impecável. Talvez essa versão espanhola tenha impedido que você gostasse logo de início.

É verdade, está cheia de erratas. Mas nesse pequeno prólogo Onetti fala de um certo 'ajuste', você faz ideia a que ele se refere?

Não, eu procuro nem entrar nessas coisas. Para mim, aquilo que não está em um texto não existe. Até nos meus textos, que poucas vezes consigo compreender completamente. Quem entrou em cheio nisso foi o crítico Jorge Rufinelli[115]; existe por aí algo dele, publicado há tempos, não lembro se é uma entrevista ou uma crítica, em que ele se estende bastante sobre esse assunto dos ajustes.

---

113. Editora espanhola fundada em 1910. Chegou a ter uma filial brasileira chamada Cedibra. [N. do R.]

114. Editora uruguaia fundada em 1962. [N. do R.]

115. Jorge Enrique Ruffinelli Altesor (1943), crítico, professor universitário e escritor uruguaio. [N. do R.]

"Aquilo que não está um texto, para mim não existe"

Não sei se você já leu minha polêmica com Hugo Verani[116] sobre o suposto plágio de Onetti a Faulkner em *Os adeuses*. Se não viu, procuro e lhe envio. Saiu em Posdata alguns anos atrás.[117]

Minha mulher, interessada em meus comentários sobre "se era a filha ou a amante", que é esse e não outro o "ajuste" que menciona Onetti, começou a ler o romance e, com esse pragmatismo típico das mulheres, disse que não é para tanto, que nesse pequeno prólogo Onetti quer inventar coisas que não existem ou, no mínimo, que não é evidente que existam.

Isso é sabedoria!

Bom, precisaria reler *Os adeuses*, se encontrar a minha versão da Arca. No fim das contas, falo de algo que li muitas vezes, mas já faz tempo, e talvez agora o veja diferente. Seja como for, suas análises a respeito da filosofia da coisa não alterariam a leitura; preocupa-me, isso sim, que não tenha cativado você, que você não tenha caído na sedução do merceeiro.

Por outro lado, o Onetti desse pequeno prólogo não é o mesmo Onetti que escreveu o romance; é um Onetti que foi rufinellizado depois da criação do texto.

---

116. Hugo J. Verani (1941), professor universitário e crítico literário uruguaio. [N. do R.]

117. Essa "polêmica", que é mais uma troca de pareceres, apareceu em várias colunas de *Postdata*. Nela, Mario afirma que o enredo de um conto pouco conhecido de Faulkner "Idílio no deserto", de 1931, é muito similar ao romance de Onetti. A sua explicação baseia-se em que, mais do que influência, houve um "contágio" ou uma tradução, em amplo sentido. Verani não concorda, e somente vê nesse romance "alguns ecos" do conto. Para mais informações, ver 'Irrupciones'. Punto de Lectura-Santillana, 2007.

De qualquer modo, surpreende ele ter caído nessa armadilha de dizer "olhem, por aí vão encontrar a chave, por aí, frio, frio, morno etc...". No final me prendeu, mas foi pela prosa; continuo achando inverossímil esse merceeiro... Cheguei a imaginar que a chave estaria em saber como chegou lá e por que ficou e não voltou para Buenos Aires; isso explicaria – acreditava eu – sua impostura como merceeiro e seu altíssimo voo psicológico como narrador. Mas você percebe que se analisava essas bobagens era porque não me seduzia, nem me obscurecia a razão (condição essencial para entrar em qualquer romance).

E já que estamos falando de livros e de editoras, uma pergunta que se faz a qualquer escritor, particularmente a um inédito como eu: o que fazer para publicar?

Depois de terminar o livro, sem ilusões nem ansiedade; tente com uma editora, e com outra, e com outra; elas vão lhe enganar, vão lhe fazer esperar, e algumas vão lhe desvalorizar, mas tem uma hora que sai. E depois que sair não acontece nada, ou, se acontece, você não vai ficar sabendo. Mas com o tempo a publicação de um livro traz muitos amigos valiosos.

"Adoro trabalhar com sonhos alheios"

Sonhos e telepatia.

Ontem à noite tive um sonho em que você aparecia. Não ia contar, mas a senhora minha esposa me instou a fazê-lo.

Era uma região litorânea, de pinheiros e areia, eu ia fugindo de uma blitz policial que estava por toda parte (aparentemente estava havendo uma revolta social). Os rumores diziam que depois das cinco seria detido todo aquele que não tivesse carteira de identidade. Cheguei a um apartamento lúgubre – que existe, está na esquina das ruas Galicia e Paraguay, onde morei por alguns anos – e fui recebido por Helena Corbellini. Sentei em uma mesa enorme, que ocupava quase todo o espaço da sala, o que tornava ainda maior a sensação de opressão e escuridão. Ela me perguntava por meus filhos quando ouvimos um barulho vindo de um dos cômodos. Fui até a porta e vi você deitado. "Que foi, chegou alguém?", você perguntou. Helena disse: "não há problema" e você deitou resmungando.

Então alguém bate à porta principal e entram três velhos com roupas simples; silenciosos, vão até o seu quarto e cada um deles fica em um lugar predeterminado (um deles na cama).

Você reclama, mas Helena volta a te acalmar com "não há problema". Eu retomo a conversa, desta vez em voz muito baixa, (ela me manda falar, "não há problema"), quando a porta do dormitório se abre inesperadamente e você aparece de pijama, muito sério, e me olha no olho. Finjo que me surpreendo e saúdo com falsa alegria. Você está furioso porque eu o acordei, e observo que revoando na altura do seu ombro há um anjinho que me olha, questionador. Tem asinhas escuras e rápidas como de abelha, ou de marimbondo, e isso permite que fique flutuando no mesmo lugar. Imediatamente, ele voa na minha direção e me analisa com curiosidade. Acho muito simpático, vejo que é um menino de cabelos pretos encaracolados e com o lombo preto como de um pinguim; a presença dele é benéfica, no máximo arteira, porém serena.

Chego a pensar "olha, então esse é o anjo de Levrero" quando aparecem meus dois filhos com as mesmas asinhas de abelha e começam a analisar o anjo, e ele também os analisa, em especial a minha filha de dois anos; o anjo está interessadíssimo nela, e revoando ao meu redor. Descubro, cheio de dulcíssima alegria, "então são estes os meus anjos" (sabia que tinha mais de um); surpreso, porque jamais tinha visto suas asinhas.

Depois batem à porta, é a polícia. As crianças descem e colocam as asinhas dentro da calça, por baixo da camiseta (então entendo como foi que não as percebi antes). Lembro que minha filha não tem documentos e, apavorado, penso que pode ser presa. Por sorte não acordo perturbado pelo medo, mas próximo à felicidade.[118]

---

118. Helena coordenou a primeira oficina literária de que participei; isso provavelmente explica sua presença junto a Mario, formando uma

Mas que sonho fantástico! Você tem um grande inconsciente, um verdadeiro artista. Está vendo? Aí tem quase um relato, se você não for demasiado fiel ao enredo e deixar que os anjos escrevam sua história. Não há enigma; só ação existencial, um percurso muito ameno e interessante. E um baita clima.

Muito obrigado! (Na verdade não agradeço a você, mas a sua mulher). Adoro trabalhar com sonhos alheios, e não ter conhecido esse seria imperdoável.

Decidi que, sempre que for possível, vou entrar em contato com as pessoas com as quais eu sonho; caso tenha alguma coisa a ver, esse sonho foi antes das 4:00 da manhã.

Nada a ver, acho. No entanto, há uma retrospectiva na minha preocupação com a carteira de identidade, que precisei renovar por um trâmite da UTE[119], quando perceberam que estava vencida fazia mais de um ano. Cheguei no dia do suplício em 1º de fevereiro: duas horas de espera em uma massa apertada de pessoas. Assim apareço na foto, também.[120]

Seguir impulsos vem me proporcionando surpresas agradáveis: tive um sonho em que discutia com a mulher de um amigo, em um colégio no Paraguai chamado "José Artigas", aparentemente construído no lugar onde teria vivido o prócer, daí o nome do colégio. Liguei para meu amigo no dia seguinte, ele não estava, me atendeu a mulher, com quem falo muito pouco, 4 ou 5 vezes por ano. Contei o sonho e ela ficou pasma: seu cunhado é cônsul

---

espécie de casal.

119. Companhia estatal de energia elétrica uruguaia.
120. Essa situação está descrita em *O romance luminoso* (2005).

no Paraguai e esse colégio realmente existe (e tem esse nome pelo motivo que aparecia no sonho). Mas o mais surpreendente foi que o cônsul estava aqui, a passeio, e no dia anterior tinham falado desse colégio.

Agora, eles falaram sobre isso à tarde, e eu sonhei isso à noite (a telepatia atrasa?).

A telepatia é instantânea, a tal ponto que não se sabe que forma de energia pode ser utilizada, pois desafia as equações de Einstein (teria que viajar mais rápido que a luz). Mas uma coisa é o momento em que se recebe, e outra o momento em que aflora à consciência. A maior parte das vezes não aflora, a menos que se trate de um fato grave, dramático ou de particular interesse para o sujeito, mas com frequência manifesta-se durante o sonho, porque a censura da consciência e do superego diminui. Também pode aparecer durante a vigília com mais facilidade quando você está distraído ou, pelo contrário, se estiver tão concentrado em algo que fica em um estado análogo ao estado de transe.

Às vezes o atraso pode ser muito grande, e o conteúdo, a informação recebida telepaticamente, pode aflorar espontaneamente em um momento de necessidade, quando você precisa dela. Parece que o café e o ácido cítrico favoreçam os fenômenos telepáticos, e a aspirina os bloqueia. Uma forma de conseguir uma combinação forte é espremer um limão em uma xícara com café, mas é um nojo. Por outro lado, não é recomendado incentivar esses fenômenos, porque, mais cedo ou mais tarde, debilitam o eu e, assim, a vontade e a consciência. Há alguns anos eu fiquei alérgico à aspirina e não posso fazer nada para bloquear esses fenômenos, só me resta suportá-los. Também não posso prevenir o enfarte.

O que você acha desta frase: "Existe uma verdadeira relação entre a capacidade telepática e a paranoia; esta última é a recepção involuntária dos pensamentos reprimidos, agressivos ou hostis de outras pessoas" (Philip K. Dick, Os jogadores de Titã[121]*).*

Sempre concordo com Philip K. Que figura impressionante.

Quanto ao relato do seu sonho, gostaria de incluí-lo no diário que estou escrevendo (não tenho certeza se ele vai acabar em livro, mas espero que sim). Me diga se isso é possível.[122]

Então você está trabalhando em um diário... lembrei de "Diario de um canalla", provavelmente um dos melhores textos que você escreveu (não por ser particularmente do meu gosto literário, mas porque quase não há enredo, a história é mínima, e, apesar de tudo, a prosa prende o leitor com força; é um exemplo de prosa transparente).

Não entendi se você está realmente pedindo autorização para "trabalhar literariamente" o sonho.

Muito obrigado. Não, nada de trabalhar; assim como está é perfeito. Gostaria de saber se posso colocar seu nome e sobrenome ou se você prefere só as iniciais, ou nada. Isso no caso de algum dia ser publicado.[123]

---

121. *The Game-Players of Titan* (1963), romance do escritor estadunidense de ficção científica Philip K. Dick (1928-1982). [N. do R.]

122. Refere-se a *O romance luminoso*.

123. No fim, o sonho não entrou em *O romance luminoso*.

Bom, finalmente recebi esse suplemento com a carta de Pessoa que, se lembro bem, você tinha sugerido que eu lesse. Notável.

Há um fragmento que, você deve ter percebido, fecha bem com nosso diálogo: "Mas repare que só a quem muito aprecio eu escrevo destas coisas (...) Só vale a pena notar os erros dos que são na verdade Poetas, daqueles em quem os erros são erros. Para quê notar os erros daqueles que não têm em si senão o jeito de errar?"

"Muitas pessoas me recriminam por esbravejar coisas incisivas e lapidárias"

Autores vários.
O estilo pessoal: como perdê-lo.
O compromisso com a realidade.

O que você achou do artigo de Octavio Paz[124] que mandei? Provavelmente quase nada do que ele fala seja dele, e sim coisas lidas por ele, mas eu acredito que essa é, precisamente, a arte do ensaio: apresentar de forma simples coisas que não são simples.

Está bem, mas, como sempre, o que não aguento é o estilo de Paz.

---

124. Octavio Paz Lozano (1914-1998), poeta, ensaísta e tradutor mexicano. [N. do R.]

Lembro de uma frase de Pascal citada até o cansaço: "que não digam que eu não digo nada de novo, a ordem em que o digo é nova".[125]

Sempre concordo. Mas compare isso, por exemplo, com o que escreve Calvino quando faz a mesma coisa: você pode discordar do pensamento dele, mas a forma como o expressa é maravilhosa. E é outro que não conta nada de novo, mas faz parecer novo pela elaboração pessoal e (outra vez), sobretudo, pelo estilo.

Vejamos autores. Chandler, Hammett.

Chandler: são apenas sete romances. Recomendo que você leia todos. Se começar por *Adeus, boneca*[126], talvez Chandler se torne imprescindível. Por outro lado, Dashiell Hammett conseguiu em *Mulher no escuro*[127] a solução mais compacta que conheço em matéria de relatos policiais.

Clarice Lispector.

A paixão segundo G.H. é um dos romances mais fortes já escritos: pode levar uma mente frágil à loucura.

Você leu "Todos os nomes", de Saramago?

Saramago me causa uma viva repugnância. Tanto sua literatura como sua cara.

---

125. Fragmento de *Pensées* (1670), do matemático, filósofo e teólogo francês Blaise Pascal (1623-1662). [N. do R.]

126. *Farewell, my lovely* (1940), conhecido no Brasil como *Adeus, minha adorada*. [N. do R.]

127. *Woman in the dark* (1933). [N. do R.]

"Muitas pessoas me recriminam por esbravejar coisas incisivas e lapidárias"

Há algum tempo enviei para você outro conto da minha safra.

Esse relato não achei apenas entediante, ele me indignou. Não sei por que você faz esse tipo de texto... Esses diálogos de novela, essa falta de estilo (do seu estilo!), aquele outro relato em itálico que vai cortando a narrativa... Só faltava completar botando uma segunda pessoa do singular (talvez tenha até entrado, não li todo, longe disso). Não sei, talvez você ganhe outro concurso, mas eu odiei. Sinto muito...

Só aviso que não há quase nada inventado, salvo a forma como está contado.

E você acha pouco? Isso é essencial, é a própria literatura. A forma não é algo que você coloca em um texto como quem dá uma demão de pintura. A forma É o texto; os conteúdos têm uma importância menor, e sempre podem ser transmitidos por outros meios. A forma e o conteúdo são uma coisa só; você não pode forçar um sem destruir a outra. Não pode mudar arbitrariamente de embalagem sem alterar o produto.

Acontece que tentei escrever de forma breve, despojada, chegar até o puro osso: uma virtude muito apetecível para mim.

Você atingiu a plenitude do seu estilo na minha oficina virtual. Talvez você não fique satisfeito com seu estilo porque o gramado do vizinho sempre parece mais verde, mas não é possível mudar isso. Você é você, mesmo não gostando, e como dizia Almafuerte[128] "tudo atingirás, solene louco / sempre que tua estatura o permita". Eu sinto que sou um anão se me comparar com Kafka, Joyce, Faulkner ou outros cem gigantes; por isso não me comparo, e procuro dar tudo o que eu posso de mim e me conformar com o que Deus me deu.

É como se você não aceitasse a sua própria voz e começasse a falar como o Pato Donald, ou como Alberto Candeau[129]. Um absurdo.

O estilo é inato; você precisa deixar ele se manifestar. Quem luta para fabricar um estilo próprio é quem não consegue olhar para dentro de si.

Os absurdos que fizer consigo mesmo não invalidam a sua maturidade literária; pode destruir seus textos, e destruir-se, mas, como falei, não é um problema literário. Esse escritor que você falou (referindo-se a um escritor uruguaio) é sumamente carismático, mas, como escritor, não tem nada a lhe ensinar, e sim a aprender com você. Mas nisso você não vai acreditar, porque ele tem bom trânsito pela imprensa, e você acredita na imprensa mais do que em você mesmo (ou em mim, se formos ao ponto).

Mas é possível que meu estilo não esteja maduro: o que fiz foi tentar aprender.

Isso já é um grave delírio. Seu estilo está completamente maduro e não há nada a aprender (nunca houve). As técnicas

---

128. Trecho de "Los incurables", poema de *Milongas clásicas, sonetos medicinales y Dios te salve. Discursos* (1919), de Almafuerte, pseudônimo do poeta argentino Pedro Bonifacio Palacios (1854-1917). [N. do R.]

129. Alberto Candeau (1910-1990), ator, diretor de teatro e escritor uruguaio. [N. do R.]

> "Muitas pessoas me recriminam por esbravejar coisas incisivas e lapidárias"

são as que você cria em cada texto e servem para esse texto. Se outro usar essas mesmas técnicas, será um imitador seu, portanto, é bem melhor não estudar técnicas.

É possível que o que falte amadurecer seja outra coisa, me refiro a que você não tenha atingido a plenitude da sua obra. Isso é muito provável, mas não depende do estilo nem de técnicas de escrita, e sim do mundo interior que você tenha para expressar. As grandes obras, as obras-primas, costumam ser muito complexas, mundos inteiros (Kafka, Faulkner, Joyce, Proust), e têm a ver com uma certa capacidade cerebral, mas sobretudo com um verdadeiro compromisso com a realidade. Para ser mais preciso, os limites da minha literatura são impostos pelo meu egoísmo, pelo meu narcisismo, pela minha limitada experiência de mundo, pelo meu quase solipsismo ou quase autismo. Eu vejo muito claramente onde estão meus limites, mas não posso esticá-los manipulando palavras ou técnicas ou estilos, e sim aumentando meu compromisso com a realidade, algo que não estou disposto a fazer, menos ainda depois de velho. Repito: isso não afeta o estilo nem é culpa do estilo. Falei em alguma reportagem algo como "há construtores de catedrais e há jardineiros. Eu estou mais para jardineiro de plantinhas de varanda".

Certo, agradeço suas palavras. Acho que era o que queria ouvir. Talvez seja isso que procuramos quando pedimos conselhos: que nos digam coisas que intuímos, que veladamente sabemos de antemão. A outra pessoa as apresenta de um modo novo, alheio, interpelante, e isso nos sacode.

Quem era mestre nisso *é* o Tola Invernizzi.[130] Todos os seus comentários sobre mim ou sobre meus textos pareciam ditos por uma voz secreta minha.

Bom, fico feliz, e me chama a atenção o fato de concordarmos em algumas coisas.

No seu caso, o tom contundente, quase diria que com a sutileza de Átila, o rei dos hunos, é duplamente favorável, porque não deixa espaço para dúvidas nem para matizes interpretativos. Imagino que mais de uma vez devem ter recriminado esse seu tom severo, mas neste caso particular se agradece a crueza, absolutamente melhor do que o amortecimento da amabilidade.

Posso jurar que não percebo, mas deve ser isso mesmo. Acredito que o que acontece é que eu sempre percebo e falo em níveis que não são os habituais para outras pessoas; e isso tem um efeito muito irritante quando toco em pontos sensíveis sem perceber. É como se você fosse apresentado a mim com seu melhor terno e eu dissesse "Essas cuecas de bolinhas vermelhas são horríveis" porque não vejo o terno.

Houve um tempo, quando ainda não existia o e-mail e eu escrevia cartas, aprendi a nunca enviá-las no mesmo dia em que as escrevia; no dia seguinte, quando acordava, me apareciam claramente todas as passagens que poderiam ser mal interpretadas ou que eram agressões diretas que deixei escapar. Agora, com o e-mail, não é possível ser tão cauteloso, e, com frequência, saem coisas que não deveriam sair, e o pior, a frialdade do e-mail aumenta tudo que possa

---

130. O destaque é meu. Não deixa de surpreender que Mario fale do Tola no tempo presente.

soar agressivo e dá espaço a más interpretações. Percebe que SE EU ESCREVER TUDO COM MAIÚSCULAS PARECE QUE EU ESTOU GRITANDO; CAUSA UMA IMPRESSÃO TERRÍVEL.

O tom dos escritores quando falam desses e de outros assuntos costuma ser terminante, inflexível na discussão. É como se fossem os Jesse James da pena: derrubam com um tiro tudo que surge ou fica fora do esquema.

Sim, lamentavelmente, eu costumo agir assim. Só que não percebo. Por que não é apenas na literatura; muitas pessoas me recriminam por esbravejar coisas incisivas e lapidárias sobre qualquer tema. Quando faço isso, não estou consciente de estar fazendo. Percebo *a posteriori*. Às vezes quando já é muito tarde...

Obrigado pelo *feedback*...

Obrigado pelo *feedback*...

A data da última mensagem, que coincide com essas últimas palavras, é 12 de agosto de 2004. Jorge Mario Varlotta Levrero morreu em 31 de agosto daquele ano.

Naquele dia escrevi para uns amigos:

"Foi um homem como tinha que ser, como foi, como o conhecemos: cheio de medos e curiosidades, dotado de um finíssimo humor e de um anseio intenso de ser autêntico, com uma sinceridade quase brutal nas suas ternuras e nas suas ponderações, com uma inteligência tão desmesurada como seus tiques.

Bom leitor tanto como escritor, viveu a literatura – a escrita e a leitura – como uma obsessão; trocou correspondências com todo mundo, aconselhou muitos, orientou alguns, se tornou fanático pelo computador e pela internet, e sempre teve uma mão estendida para assessorar quem pedisse, ora lendo um texto de um jovem escritor inédito, ora para resolver um problema de informática... enfim, para dizer em poucas e hamletianas palavras, foi uma pessoa como não espero achar outra."

Carta a um editor chileno

Querido Pancho[131]:
    Faz mais de um ano – ou dois? Como passa o tempo! – que nos encontramos em Montevidéu, na praça Cagancha, e tomamos umas cervejas na pizzaria "La Biennale" com Patricio Hidalgo e outros amigos chilenos, para falar sobre como seria este livro quando *Lolita Editores* o publicasse no Chile. Naquele momento, comentastes que querias que não fosse apenas uma reedição, mas um livro ampliado, atualizado com algo que, para você, somente eu poderia acrescentar: a impressão que me causava lê-lo depois de tanto tempo (quatro anos!). Em suma, ver como eu me posicionava diante daquilo que tinha falado e discutido com Mario por e-mail.
    Juro que tentei cumprir com esse teu pedido, mas cada vez que comecei a escrever minhas impressões, terminava jogando-as na lixeira de reciclagem. Não sei por que, mas

---

131. Francisco Mouat, diretor de *Lolita Editores*.

tudo que escrevia parecia ter uma rigidez teórica, impostada, grandiloquente, inevitavelmente falsa, que traía o tom das conversas do livro, que é o tom de dois sujeitos fissurados com falar de literatura sem restrições, sem nenhum prurido teórico-crítico e com palavras cheias de entusiasmo ou de aversão, o que vem a ser a mesma coisa, mas ao contrário. Tão lamentável parecia o escrito que pensei seriamente em esquecer o "epílogo para a edição chilena" e passar para outra coisa, até que, não sei como – mas sei onde: viajando de ônibus pela Ciudad Vieja – pensei que eu poderia fazê-lo em uma carta que, de algum modo, se juntaria a um livro baseado em correspondência eletrônica. Assim que, aqui está.

Já passaram quatro anos da edição deste livro no Uruguai, publicado em 2008, quatro anos desde a morte de Mario Levrero, em 2004. Embora, sem dúvida, "nós, os de então, já não somos os mesmos", a releitura, em 2012, me causou mais surpresas que as que já esperava. Também me provocou os previsíveis estados de saudade e de valorização do "tempo perdido" que dificilmente podem interessar alguém. Prefiro falar das surpresas.

A primeira, muito grata, foi comprovar que essas conversas – que alguém definiu acertadamente como uma "conversa na sala de casa" – continuam funcionando como tal. As falas de Levrero mantêm a amenidade, a clareza e a profundidade que tinham quando foram transmitidas por escrito entre os anos 2000 e 2004. A segunda surpresa, menos esperada, foi ver que essas falas eram bem mais ricas em matizes do que eu pensava no início, quando era apenas uma conversa via e-mail.

É difícil de explicar: a impressão de que quase tudo que foi conversado parece agora mais rico e complexo é precisamente isso, uma forte impressão geral. Talvez essa defasagem possa ser entendida com um exemplo vinculado ao repetido conceito de que a essência da literatura são as imagens.

Mario diz:

> *"A literatura propriamente dita é imagem. Não quero dizer que tenha que evitar cavilações e filosofias, mas isso não é o essencial da literatura. Um romance, ou qualquer outro texto, pode conciliar vários usos da palavra. Mas, se formos à essência, aquilo que encanta e prende o leitor, e o mantém lendo, é o argumento, contado por meio de imagens. Com estilo, obviamente, mas sempre vinculado à sua imaginação".*

Parece que isso não necessita de nenhum tipo de esclarecimento, não é? Mario dava grande relevância a essa ideia – em literatura, as palavras devem comunicar imagens – portanto, as reflexões, a filosofia, a frase engenhosa, os dados informativos, não constituem o nó da matéria literária. São as imagens que comunicam com verdadeira intensidade. Tudo isso me parecia muito claro, algo que pode até soar dogmático, e talvez o seja. Mas se alguém lê (ou relê) com atenção o livro, verá que essa ideia está matizada mais adiante:

> *"Também não disse que um relato deve consistir exclusivamente em imagens, e sim que isso é seja essência; mas com frequência a essência pura é desagradável, como, por exemplo, a baunilha. Se é misturada em uma bebida, desce muito melhor".*

As imagens transmitidas por meio das palavras são a essência da literatura, mas... as cavilações, os dados, as reflexões filosóficas voltam a ser importantes, uma vez que sustentam e acolhem a energia das imagens.

É possível dizer algo similar sobre outra insistência levreriana, a de que as imagens devem ser pessoais, isto é, não argumentos meramente visualizados, mas imagens surgidas do íntimo da imaginação. Mas, logo depois, essa opinião também é relativizada:

> *"A forma de escrever com força e ser colorido e convincente é prestar atenção naquilo que vem de dentro, ainda que se trate de objetos do mundo exterior. Esses objetos somente se tornam artísticos ou passam a ser material artístico através de um processo no nosso ser interior. Ou seja, não tem importância alguma se a sua personagem saiu de uma ocorrência policial publicada nos jornais ou saiu de um sonho; para escrever sobre ela de modo literário, deve passar previamente pela sua máquina de elaboração interior".*

Com isso, o termo "imagens pessoais" se torna mais complexo; não são só as que surgem na imaginação, mas também as que podem ser vistas nos jornais, prévia passagem pela imaginação pessoal.

Releio o que foi escrito e, para mim, tudo soa elementar, pra não dizer esquemático, mas, acima de tudo, soa precário: à medida que avançamos na infinita aprendizagem da escrita, percebe-se mais claramente que toda arte verdadeira foge das sentenças. E, em alguns casos, as contradiz. Mesmo assim não retiro o escrito: no fim das contas, é o que me ocorre. Resumindo, e talvez possa servir de aviso aos navegantes, este é um livro que não se esgota em uma leitura. Oferece mais.

Por outro lado, descobri que muitos elementos do pensamento de Mario foram compartilhados por outros escritores, em outros países e épocas. Assim, passado o primeiro deslumbramento, acredito agora que a originalidade de suas ideias não é a sua principal virtude, e sim sua clareza e utilidade prática, que reside essencialmente em como as expressava e articulava. Nesses tempos de liquefação que vivemos, cabe perfeitamente aquela frase que Pascal afirmava de si mesmo, e que eu menciono de passagem no livro: *"que não digam que eu não digo nada de novo, a ordem em que o digo é nova"*.

Há pouco tempo um crítico uruguaio comentou que as categorias levrerianas eram um tanto rasas e é possível que tenha alguma razão. Todo escritor tenta, antes de mais nada, esclarecer para si mesmo seu trabalho, e para descrever as ferramentas e a construção da sua arte costuma recorrer a conceitos claros e elementares, compreensíveis para todos. Não pretende ser original; a originalidade deve ser buscada na sua obra, não em suas explicações técnicas ou estéticas. Por isso é sempre mais fácil entender qualquer escritor falando de literatura (seja Borges, Kafka ou Vargas Llosa) do que um crítico literário, cuja obra principal é a análise literária: é aí que ele procura ser original.

E reitero que essa foi apenas uma das descobertas; comprovar, ao longo dos anos, que muitos conceitos que Mario defendia eram compartilhados por outros artistas. Há pouco tempo, Paul Auster declarava à imprensa que nele habita um ser interior, que é quem escreve, enquanto o

Auster cotidiano se encarrega de viver e de responder a entrevistas – afirmação que Levrero também repetia, embora no seu caso fosse um pouco além: afirmava que o escritor se chamava Mario Levrero e que quem fazia as compras e pagava as contas era Jorge Varlotta. (Nunca é demais lembrar que seu nome completo era Jorge Mario Varlotta Levrero).

Agora que penso nisso, em um dos seus melhores relatos, *"El caballo perdido"*[132], Felisberto Hernández, ou melhor, seu narrador protagonista, defende que tem um "sócio" que lhe permite escrever enquanto se comunica e negocia com o mundo para poder viver nele.

Escritores muito diferentes defenderam conceitos similares à necessidade, repetida por Levrero, de que é necessário comunicar imagens com palavras. Em uma entrevista perguntaram a Vladimir Nabokov se, quando ele escrevia, pensava em inglês ou em russo, e o autor de *Lolita* respondeu: "penso em imagens". Flannery O'Connor deixou escrito que "o escritor atrai por meio dos sentidos, e não se pode atrair os sentidos com abstrações. Para a maior parte das pessoas é bem mais fácil expressar uma ideia abstrata do que descrever um objeto que está realmente sendo visto. Mas o mundo do romancista está cheio de matéria, que é aquilo que os romancistas que começam estão pouco dispostos a discutir". Para O'Connor são os "detalhes concretos da vida que tornam real o mistério da nossa situação na terra".

Alguém escreveu que a prosa de Levrero era "quase burocrática", referindo-se à aparente falta de brilho e a sua extrema funcionalidade. E, em parte, é assim mesmo, trata-se

---

132. Conto que dá nome a uma coletânea de contos de Felisberto Hernández publicada em 1943. [N. do R.]

de uma prosa contida, na qual as palavras dizem o certo com a maior clareza e do modo mais breve possível. Ainda que Rafael Sánchez Ferlosio diga que a finalidade das palavras é ir além de si mesmas. Talvez essa seja a marca de toda boa literatura; se for assim, sem dúvida é uma característica que a de Mario tem.

Ele dizia que sua escrita era uma tentativa de escrever a verdade, sua verdade, a verdade de uma experiência única e intransferível.

Cada vez que lhe perguntavam, repetia que em seu primeiro romance tinha seguido o modelo de Kafka, porque lendo esse autor (lendo América[133]) tinha descoberto que em literatura era possível dizer a verdade.

Que escritor destes tempos pós-pós-modernos diz *"eu escrevo a verdade"*?

Naturalmente o acusaram de ser místico. Hanna Arendt, uma senhora que nada tinha de mística, escreveu em um artigo que a prosa de Kafka é formosa e neutra, e que está a serviço da comunicação. Depois acrescenta: "A única coisa que atrai e seduz o leitor na obra de Kafka é a verdade em si, e com sua perfeição sem estilo – todo estilo distrai da verdade por seu atrativo próprio – Kafka conseguiu tornar sua obra tão incrivelmente sedutora que suas histórias prendem o leitor, mesmo que, a princípio, não entenda a verdade que contêm". Embora isso tenha sido escrito em 1948, percebe-se aqui o mesmo tom que Mario usava para falar das "coisas importantes".

---

133. *Amerika* é um romance escrito por Kafka em 1910 e publicado postumamente em 1927. Em português, no Brasil, recebeu o título de O Desaparecido ou Amerika. [N. do R.]

Algo que quase não aparece na sua estética mais conhecida é a importância que Levrero dava ao processo de correção em seu trabalho literário. Acredito que esse silêncio do "fator correção" fala de uma reação quanto ao ambiente literário uruguaio de sua época, positivista, cartesiano e politizado (a geração que dominou no século XX recebe o nome de *Geração de 45* ou *Geração Crítica*)[134].

Aconteceu que, tanto seu primeiro romance quanto seu primeiro livro de contos passaram despercebidos no Uruguai convulsionado do começo dos anos 70. O processo de escrita pessoal tornou-se destaque e uma evolução do elemento irracional e da inspiração, em detrimento do processo de correção, etapa posterior e necessária que sempre ocupou seu tempo. Aqui, como no tema das imagens, ganha sentido a importância de uma combinação, de uma síntese entre o irracional e o racional: ainda que o mais importante esteja no primeiro fator, não se deve pensar que o segundo não exista, ou que não esteja.

Em outras palavras, o surrealismo não é a opção levreriana e, embora tenha trabalhado durante anos na correção de seus textos, teve o cuidado de silenciá-lo na sua prática docente, e quase nunca foi mencionado nas entrevistas. Acho que o motivo disso está na sua (sã) obsessão para que os alunos das oficinas soltassem as amarras ao escrever e não mergulhassem em teorias críticas e corretivas. Também pode

---

134. Fazem parte desse grupo críticos literários como Ángel Rama (1926-1983), poetas como Alfredo Gravina (1913-1995), Amanda Berenguer (1921-2010), Carlos Maggi (1922-2015), Ida Vitale (1923), Ideia Vilariño (1920-2009), contistas e romancistas como Juan Carlos Onetti, Juan José Morosoli (1899-1957) e Mario Benedetti (1920-2009). [N. do R.]

corresponder, em parte, a uma reação ao meio uruguaio, geralmente cartesiano e positivista.

Outra coisa: Mario defendeu uma e outra vez que o talento, o dom natural para a criação literária que ele descobria com entusiasmo em amigos e alunos, devia estar acompanhado de um compromisso existencial com a literatura. Algo como a ideia de que para ser escritor "é necessário estar disposto a dar a vida". Inclusive aconselhou vários alunos que deixassem seu trabalho e se arriscassem a somente escrever.[135]

Com isso tudo quero dizer que sua conhecida empolgação com os textos dos alunos deveria ser confirmada por sua opinião, menos conhecida, de que eles frequentemente careciam de "suficiente confiança em si mesmos" para ser coerentes com o compromisso necessário. E essa foi outra obsessão de seu discurso; dar segurança aos escritores que estão começando.

E já que estou falando de diferentes temas, quero dizer que sempre me incomodou o qualificativo de "guru" com que numerosas pessoas tratam o gênio e a figura de Mario Levrero. No meu caso, e sei que é algo partilhado por muitos, senti ele mais como alguém próximo, um amigo, um colega, e não como uma espécie de Sócrates, embora talvez o caminho que percorríamos fosse decididamente socrático.

Quero contar, então, um pequeno episódio que afirma ainda mais o discurso contido neste livro e que demonstra

---

135. No meu caso, porém, foi exatamente o contrário: sofri longos anos em um emprego administrativo; queria deixá-lo e comentei isso várias vezes como ele, que sempre me disse: "teu emprego não interfere na tua escrita", menosprezando, uma e outra vez, a minha brutal vontade de mandar tudo ao diabo.

– se isso for necessário – que não estamos diante de uma visão literária fechada. Certa vez, no seu apartamento da rua Bartolomé Mitre, mencionei rapidamente o escritor guatemalteco Augusto Monterroso. Mario levantou as sobrancelhas e disse, "ah, o modelo de antiescritor". Olhei para ele e não precisei perguntar nada para saber de imediato o que isso significava: era uma alusão ao peso da erudição e da intelectualidade em um escritor, em detrimento do lado obscuro e irracional. Também ao peso da autocrítica e de uma excessiva autoconsciência da obra literária, algo que freia a criação. A ambição de ingressar no cânone dos clássicos pode ser funesta e bloquear o criador. Apesar de tudo isso, eu gosto de Monterroso. De modo que deixei passar o assunto e na primeira oportunidade trouxe à tona de novo, desta vez com outro escritor:

– Há um detalhe – eu disse – você sempre diz que não é possível fazer grande literatura a partir de uma ideia, de algo intelectual. Mas Borges faz isso mais de uma vez: mete muitíssima coisa intelectual e erudita. Embora também seja verdade – relativizei – que recorre a imagens para começar seus contos e, às vezes, também para concluí-los. Como você explica isso?

Mario balançou a cabeça como se a questão o tivesse impactado, e depois sorriu. E continuou sorrindo muito, enquanto murmurava "é bem como você disse, mistura as duas coisas, a imaginação e o intelecto". Depois de alguns minutos nesse estado de devaneio, disse com os olhos achinesados pela felicidade:

– É brutal, é simplesmente brutal – e balançava a cabeça. Por muito que pense, não tenho ideia de como ele faz.

Antes de terminar, gostaria de dizer que, em um livro[136] do pesquisador brasileiro Michael Löwy[137], um livro sensato e erudito, a obra kafkiana é abordada de um ponto de vista político, do antiautoritarismo. Sua aproximação interpretativa tem como base o seguinte aforismo de Kafka: "As correntes da Humanidade torturada estão feitas de papéis de escritório"[138].

Esses papéis burocráticos, diz, são os impressos, os formulários, os documentos de identidade, as fichas policiais, as sentenças, as multas, onde a palavra escrita é o meio com o qual as elites exercem seu poder.

Segundo Löwy, a esse uso utilitário e repressivo da palavra, Kafka antepõe uma escrita de liberdade, uma escrita que está a serviço da poesia e da imaginação. Um uso poético e libertador da palavra. Não sei se Mario acompanharia Kafka nessa premissa, mas tenho certeza que compartilhava a conclusão: para ele, a escrita era um meio de libertação, de defesa de seus "espaços livres".

Só assim é possível entender seu compromisso vital com a literatura, e só assim se compreende a sua teimosa procura pela verdade.

Um abraço.

Pablo Silva Olazábal
Montevidéu, junho de 2012.

---

136. *Kafka, sonhador insubmisso*, de Michael Löwy, Taurus, México, 2007.
137. Michael Löwy (1938), pesquisador e ensaísta marxista brasileiro. [N. do R.]
138. Retirado do romance *O processo* (*Der Prozess*, 1925). [N. do R.]

Carta a editores argentinos

Queridos Coelhos:

A primeira coisa que eu disse a Paula (Brecciaroli) [139]quando me escreveu para propor a publicação deste livro foi "não imagino outra editora mais levreriana que uma que se chame *Conejos*[140]". E é isso mesmo, quando ele teve que dar um nome a um selo editorial, chamou de *Flexes Terpines*, uma expressão que Lewis Carroll usa em seu *Alice no país das maravilhas*. Suponho que não lhe ocorreu que Coelhos era algo mais simples e direto: afinal, é um coelho que guia Alice no começo da sua alucinante aventura.

Também penso que a Argentina é o lugar natural para essas *Conversas* porque, entre outras coisas, compartilhamos um mesmo substrato cultural que constantemente aparece

---

139. Paula Brecciaroli (1976), psicóloga, escritora e editora argentina, fundadora da editorial Conejos. [N. do R.]
140. "Coelhos", em espanhol. [N. da T.]

nas múltiplas referências ao longo do livro e que não precisam de esclarecimento.

Outro detalhe que me pareceu muito acertado é a concepção que vocês tinham do livro, essa ideia de enxergá-lo como uma espécie de manual para pessoas que se iniciam na arte literária ou querem aprofundar suas reflexões literárias. Concordo totalmente, acho que esse livro será muito útil nesse sentido. Foi esse, e não outro, meu primeiro impulso ao escrevê-lo, reunir e difundir de algum modo informação que se achava (e continua) dispersa. Sempre pensei que essa série de reflexões merecia ser difundida entre aqueles que não tiveram a possibilidade de conhecer Mario, nem de falar com ele, e esse é o sentido do livro, ao menos foi esse seu primeiro impulso. Como efeito não procurado surgiram outras coisas, como o retrato involuntário que transparece nas suas palavras e reflexões, e que não é outro senão o de um escritor convencido de sua arte, arte que não fez mais que aumentar o seu prestígio com o passar dos anos.

Seguindo nessa linha, a de que estamos diante de uma espécie de manual, gostaria de compartilhar alguns conceitos que residem em respostas que Mario deu a perguntas formuladas por alunos de suas oficinas virtuais, disponíveis, na sua totalidade, no site de Gabriela Onetto[141].

Acho que aumentam e dão precisão a significados esboçados nas *Conversas* e que talvez possam ser úteis,

---

141. Gabriela Onetto (1963), escritora e filósofa uruguaia, sócia de Mario Levrero em 'Letras Virtuales', série de "oficinas de motivação literária" às quais dá continuidade desde a morte de Levrero, em 2004. Gabriela é uma das principais divulgadoras e desenvolvedoras do "método não metódico" de Levrero. Para saber mais, recomendamos a visita ao site https://www.onetto.net/. [N. do R.]

porque, como foi dito no início "ninguém se dirige do mesmo modo a todas as pessoas".

Diz Mario:

> *"Não devemos esquecer que imaginação e invenção são termos manipulados por mim, com um significado que talvez se distancie das definições corretas. É procurar dar um nome a certos aspectos que talvez façam parte de um todo".*

Parece importante reiterar, embora seja chover no molhado, a ideia de que estamos diante de um caminho pessoal construído pelo próprio Levrero para esclarecer para si mesmo (e, mais tarde, para seus alunos) as bases da sua visão artística. Um escritor mais intuitivo, poderia, talvez, ter transitado por sua obra sem necessidade de racionalizar e dar precisão a seus termos, e sem sentir-se na obrigação de transmiti-los. Não foi o caso de Mario, que relativiza, desta forma, termos que nas *Conversas* podem soar um pouco terminantes e dogmáticos.

> *"Habitualmente, quando se diz que alguém tem muita imaginação, procura-se dizer que tem muita capacidade inventiva. Entretanto, para mim, ter muita imaginação é poder descrever alguma coisa por completo, com todos os detalhes necessários para fazer com que o leitor a perceba. Mesmo que se trate de um roupeiro comum".*

Um de seus alunos das oficinas virtuais pergunta o que quer dizer "escrever com imagens". A resposta, bastante longa, dá um sinal: a boa literatura é aquela que faz presente o não dito.

"Que o relato surja da imaginação, e não da invenção. Que você conte aquilo que vê (ou percebe, em geral) quando olha para dentro, e não aquilo que sabe, ou aquilo que pensa. Isso é literatura em estado puro, em essência. Pode ser insuportável, como tudo que é puro, e é por isso que os escritores misturam outras coisas com a literatura, como filosofia ou coisas do tipo. Por isso, não digo que seja necessariamente preciso escrever só por meio de imagens, exceto em alguns exercícios da oficina, para que você se obrigue a movimentar a imaginação.

Por exemplo, se eu digo "Uma manhã eu fui trabalhar", estou transmitindo informação intelectual, não artística, não literária. Mas se conto como levantei, coloquei a roupa, tomei o café da manhã, saí para a rua, esperei o ônibus na esquina, subi no ônibus, fiz a viagem, desci no ponto próximo ao escritório, caminhei até o escritório... estou desenvolvendo essa informação em algo parecido com imagens. Mas ainda estou enunciando títulos, fazendo um resumo. Todos esses fragmentos deveriam se desenvolver em imagens (por exemplo, descrever a cor do céu na rua, as pessoas que estavam no ponto do ônibus, a quantidade de lajotas quebradas, o meu estado de ânimo, os cheiros que se respirava, o barulho dos carros, o que falavam as pessoas no ponto, como eram essas pessoas, como estavam vestidas, etc.; aí estou narrando em imagens. Ao fazê-lo, dou minha presença sensorial como narrador-observador e fabrico com esse estímulo da imaginação do leitor um estado de transe, e ele se torna receptivo àquilo que não é dito, ou seja, a minha presença integral, a minha alma. Aí se produz a comunicação e a troca; aí o texto é um objeto vivo; aí o leitor pode fabricar o seu próprio texto, porque suas imagens não serão as minhas, mas as suas, e as suas serão mais vívidas e coloridas do que as minhas porque as recolhe de sua experiência sensorial pessoal".

Outra das bases da obra levreriana, e possivelmente de toda boa literatura, encontra-se no relacionamento que se estabelece entre memória e imaginação. Na resposta a seguir deve ficar claro que está falando sobre exercícios da sua oficina literária e não da criação literária, que deve ser feita "com total liberdade" (isto é, para além das premissas dessa oficina).

> *"A imaginação é o que permite o melhor desenvolvimento de um estilo pessoal. A imaginação está muito ligada à memória; é quase a mesma coisa (mas não exatamente), de modo que trabalhamos muito com a memória. A imaginação só é acessível – como seu nome indica – ao movimento de imagens, e por isso trabalhamos com a percepção de todo tipo de imagens (não só as visuais).*
>
> *As 'indagações e viagens através da mente' têm muito a ver com a imaginação. Não são coisas opostas. Isso não quer dizer que é necessário escrever sempre do jeito que pedimos na oficina; vale somente para os exercícios. Toda essa oficina virtual pode ser resumida na seguinte afirmação: 'Escreva o que vê, não o que pensa'."*

Outro aluno pergunta do uso da primeira pessoa. Mario responde:

> *"A primeira pessoa ajuda muito a evitar o esforço para criar uma personagem com que o leitor possa se identificar. Também facilita a transmissão das percepções e tudo aquilo que enriquece os textos e o estilo. Te recomendaria não sair da primeira pessoa por agora; a terceira pessoa te leva irremediavelmente a uma escrita mais intelectual do que vivencial (falta de cor etc.), ao menos nesta etapa da oficina".*

A reflexão a seguir culmina em uma frase que bem poderia ser a carranca na proa deste livro; na verdade poderia figurar como epígrafe de muitos livros:

> *"Pode existir uma infinidade de caminhos para conseguir a mesma coisa, mas eu conheço apenas este, e transmito o que sei e o que consigo, partindo da minha própria experiência".*

Não resisto à tentação de incluir uma outra oportuna e extensa resposta:

> *"É possível escrever sobre o que acontece com você, ou sobre algo que você lembra, ou sente, etcétera, ou fazer como uma amiga minha, que é uma grande escritora, e escrever a partir de uma inspiração que vem de zonas muito obscuras do ser e que não tem um vínculo visível, aparente, com a pessoa que alguém conhece. O primeiro romance que li dela, ainda em rascunho, com o qual se apresentou na minha casa pela primeira vez, era a história de uma lésbica gorda. Apesar de ela ser magra, fiquei convencido de que estava diante de uma lésbica militante. Mas depois ela escreveu um romance, sempre em primeira pessoa, cujo protagonista era uma mulher que teve relações sexuais com o pai... e assim por diante. Ela tem muitas personalidades, ou máscaras, ou núcleos interiores, e é capaz de escrever com total convicção sobre experiências que, ao que me consta, não viveu na sua vida em vigília, para chamar de alguma maneira. Eu mesmo, apesar de agora só conseguir escrever sobre coisas cotidianas, por algum tempo escrevi a partir de personagens que transitaram por lugares que meu eu ignorava que existissem, e até que existissem no meu interior. Etcétera. Essas experiências provêm do ser, não do eu cotidiano; às vezes dos sonhos, embora nem*

sempre. Escreve-se em um estado de fascinação, parecido à hipnose, no qual se acredita, como nos sonhos, na tangibilidade das coisas que descreve.

Tudo isso não é propriamente "invenção", porque, ao menos no meu caso particular, nunca me propus a inventar nada; era mais como ir descobrindo essas coisas e lugares e seres que estavam em recantos muito ocultos do meu ser. Se eu me propusesse a escrever uma história inventada a partir da razão, certamente não teria forças para fazer o trabalho, porque isso não é viver uma aventura, mas fazer um trabalho, muitas vezes cansativo, ao menos para mim. Escrevia por necessidade e por curiosidade de saber, de conhecer, diria até de explorar e conquistar esses espaços do meu ser. Ou do ser, porque não tenho nenhuma certeza de que sejam algo meu, pessoal e privado. A mente tem alcances insuspeitados.

Podemos ir um pouco além e reconhecer que é POSSÍVEL escrever histórias inventadas, ou histórias tiradas de arquivos, e fazê-lo bem, e com estilo, e com arte. Vários grandes escritores fazem isso muito bem. Mas acredito que para isso é preciso ter genialidade, e eu não tenho, além disso, acho que é inevitável ter passado em algum momento pela escrita vivencial, de forma que quando você invente uma personagem, que ela seja crível, e não esses Joões e essas Marias dos principiantes. E você sempre estará incluindo sua experiência de vida (interior ou exterior, profunda ou superficial), e estará, se fizer direito, totalmente presente, de corpo inteiro naquilo que escreve. Com frequência dou o exemplo dessa caricatura do escritor cubano Alejo Carpentier que um dia ganhei de presente do seu autor, o grande Hermenegildo Sábat[142]. Quando observo essa caricatura, vejo Carpentier, sem

---

142. Hermenegildo Sábat (1933-2018), jornalista e caricaturista uruguaio. [N. do R.]

> *dúvida, mas também vejo Sábat, porque tem um estilo próprio, pessoal, inconfundível. Se nesse desenho só se visse Carpentier, não olharia muito pra ele, porque é um escritor com o qual não simpatizo e que não tem uma cara linda de se ver. Olho para ele porque vejo Sábat, o estilo, a alma de Sábat.*
>
> *Para alcançar esse milagre é preciso ser um pouco como os atores de teatro que para conseguir uma personagem convincente tratam de "ser" a personagem que devem representar. Alguns atores ficaram mal durante meses, realmente doentes, por ter encarnado uma personagem cheia de conflitos. E para isso é necessário ter imaginação, e meus exercícios procuram colocar você em contato com a imaginação, apelando para suas experiências mais simples. Pode haver uma infinidade de caminhos para conseguir a mesma coisa, mas eu só conheço esse, e transmito o que sei e o que posso, partindo da minha própria experiência".*

Aqui, outro aluno reclama da avaliação da oficina e a questiona, pedindo mais liberdade, o que suscita uma interessante analogia de Mario sobre os exercícios literários e o ato de escrever literatura:

> *"Eu já disse também, mais de uma vez, que a liberdade é a condição imprescindível para a arte. Mas na oficina não há arte, nem liberdade. Há propostas e exercícios, e os exercícios devem cumprir com aquilo que as propostas pedem, e não podemos avaliar outra coisa dentro dos limites da oficina. Você tem que pensar em algo tão infame e tedioso quanto as escalas do piano. Quando tiver os dedos ágeis e eles consigam ir até onde é preciso ir, poderá tocar o que quiser e como quiser".*

A palavra correção está intimamente vinculada com a palavra correto e em literatura o correto nem sempre é o melhor. Isso é algo que nós, escritores, costumamos esquecer. Este episódio de Mario também lembra disso:

> *"Os textos precisam de correção, é certo. Eu nunca publico nada sem que ao menos alguém da minha confiança tenha lido e apontado o que soa mal.*

Há alguns anos, entusiasmado com a eletrônica, corrigi um romance eliminando repetições abusivas de "que", "de" e mil outras coisinhas. O texto ficou perfeito. Depois foi publicado um fragmento em uma revista e quando li fiquei terrivelmente deprimido. Não era meu texto. Não era nada. Era uma porcaria insuportável. Por sorte tinha guardado a versão anterior, com uma etiqueta que dizia "para queimar" (e por preguiça não tinha queimado nada), e me dei o trabalho de restituir no texto absolutamente tudo que eu tinha corrigido. Por sorte, assim foi publicado. Cheio dessas imperfeições que fazem meu estilo".

E seguindo nessa linha, outro aluno pergunta: o que acontece com as observações dos outros?

> *"É bom receber as observações. Digamos "obrigado" e depois façamos com elas o que quisermos. Não é nada mal dispor de vários pares de olhos que possam ver o que os nossos olhos não veem. O que não vale a pena é se defender. "Obrigado", e "continuar".*

A próxima resposta de Mario, a última da seleção, é uma das minhas preferidas. Para alguém que se pergunta "como vou saber se estou escrevendo com voz própria?", essa resposta é um verdadeiro farol:

> *"Você sabe que está escrevendo com voz própria quando não se reconhece facilmente no que escreve; quando o texto parece alheio e, ao mesmo tempo, você sabe que é seu; quando as personagens fazem o que querem e não o que você quer; quando o texto chega a uma velocidade tal que quase não dá tempo de colocá-lo em palavras; quando você se sente como um deus".*

E isso é tudo. Realmente pensei que comentaria mais, mas as reflexões que me ocorrem são pueris diante da lucidez descomunal de um escritor que sabia muito bem o que dizia.

Espero que isto possa servir como epílogo da edição argentina, de modo que o livro vá enriquecendo em cada país (a edição chilena contém mais informação do que a uruguaia, e a argentina, mais do que a chilena). Por isso incluo, ao final dos Anexos, uma seção que intitulei Raridades: são dois textos recuperados, que apareceram na imprensa em 1973, e neles está o embrião do pensamento, do gênio e da figura de Mario Levrero.

Envio-lhes uma saudação uruguaia, queridos coelhos editores.

Pablo Silva Olazábal
Montevidéu, março de 2013.

Carta a um editor brasileiro

Querido Thomás: você não imagina a alegria que sinto em saber que o livro está chegando nas mãos dos leitores brasileiros, e logo neste ano em que se completam vinte anos da morte de Mario Levrero. Esse é um intervalo de tempo mais do que adequado para medir a extensão da obra de um escritor. Em certa ocasião, o crítico uruguaio Hugo Verani me disse que quando um grande autor morre, entra em um limbo de dez anos depois dos quais podem acontecer duas coisas: ou vem à luz com leituras inovadoras e leitores renovados ou fica como dado e referência dentro do panteão dos programas acadêmicos. Ou seja, ou revive ou passa a outro limbo.

Como quase sempre acontece com Levrero, o caso é excepcional e não se ajusta a nenhum esquema: em 2005, um ano depois de sua morte, apareceu *O romance luminoso*, e a sua recepção na Argentina – sobretudo em Buenos Aires – gerou um impulso que se multiplicou em outros países e lhe deu a dimensão internacional que continua conquistando.

Vinte anos depois de sua morte, fica claro que se trata do último grande escritor uruguaio, à altura de Horacio Quiroga, Felisberto Hernández, J. C. Onetti ou Armonía Somers. Mas, como sempre acontece com sua literatura, continua a surpreender, e quando tudo parecia se estabilizar e tomar as dimensões habituais de uma grande obra, aparece algo inesperado: no ano passado saiu em Buenos Aires e Montevidéu o livro *Cartas a la princesa*, uma obra póstuma criada a partir da correspondência que Levrero manteve entre 1985 e 1987 com Alicia Hoppe, que, posteriormente, seria sua esposa (além de sua terapeuta e, antes disso, mulher do seu melhor amigo).

Trata-se de um livro que Levrero não concebeu como tal, embora tivesse as cartas arquivadas em um envelope e as houvesse lido e relido, corrigindo-as ou adicionando dados à mão. Era um documento evidentemente importante, por representar um momento chave da sua vida. Não sabemos se ele o considerava um texto literário, acredito que sim.[143] O que ficou claro é que a correspondência não estava pronta para ser publicada como livro: a edição de Ignacio Echevarría e Alicia Hoppe teve um papel chave na definição do livro (por exemplo, se devia ou não incluir as respostas de Hoppe, algo que, por fim, não foi feito, para que "fosse um livro de Levrero"). Além disso, considerando o conteúdo altamente íntimo que expressam, é possível que, por questões de pudor

---

143. É bom lembrar que logo depois da sua morte foram somados à sua bibliografia os seguintes livros: *O romance luminoso* (2005), *La banda del ciempiés* (2010) e *Burdeos, 1972* (2013). Tanto *O romance luminoso* quanto *Burdeos, 1972* eram obras inéditas que, em maior ou menor grau, Levrero deixou prontas para a publicação em livro. Só no caso de *La banda del ciempiés* houve uma primeira publicação, na revista do Página12 em 1989.

que dizem respeito a outras pessoas, além da amada, e não somente dele (Levrero não tinha problemas em exibir tudo o que passasse por seu inconsciente), não está claro se ele aceitaria publicá-lo. Mas nada disso impede que sejam textos de um altíssimo conteúdo literário; assim como ocorre com Kafka, em Levrero a escritura literária nunca se afasta da vida, mesmo que se afaste da publicação.

Em um momento da correspondência diz "só consigo escrever pensando em **não publicar**, mas como ao mesmo tempo quero publicar... Aí está o ovo"[144]. Em uma entrevista ele disse que, assim como um psicólogo analisa gestos e fatos superficiais da vida cotidiana para investigar e encontrar causas profundas, um livro, do mesmo modo, é o resultado de um processo complexo e personalíssimo que, no fim, é mais importante que o próprio livro. Não importa a publicação, mas seguir o seu desenvolvimento, mergulhar no seu significado (também comparou o livro com análises médicas, que não são a essência: são indicativos de processos interiores).

Estas cartas não têm apenas um grande valor literário, elas complementam e, em algum ponto, contradizem o estilo de Levrero. Quando li este livro, no ano passado, fiquei surpreso e muito impressionado ao encontrar "belezas literárias" em sua prosa, bem como referências a outros escritores, citações de tangos, poemas e canções, estilos de outros escritores (como Faulkner ou Joyce) e outros recursos que podem constituir o aparato expressivo de um escritor e aos quais Levrero renunciou ao escrever sua obra literária, seguindo a ideia de privilegiar a imaginação e a intensidade com uma prosa *funcional* (esse adjetivo é chave, porque é

---

144. Grifos meus.

um dos elementos que o aproximam de Kafka) que evite a impostação, ou "cair na literatura".

Obviamente, a principal explicação para essa prosa excepcional reside no fato de que seu objetivo primário não era escrever um livro, mas seduzir uma mulher, e, em segunda instância, tentar convencê-la a morar juntos. Os dois propósitos foram conseguidos, embora isso importe somente do ponto de vista biográfico. Do ponto de vista literário, o livro significa uma expansão do **dizível** na poética levreriana.

> *"Não sou um buscador de orgasmos, porque odeio o orgasmo, o considero, em todo caso, um mal necessário. O que adoro é o desejo, porque une; o orgasmo é o fim do desejo e o fim da união (…) meu gozo vem do gozo que ofereço mais que daquele que recebo. E o que eu quero contigo é estar contigo (…)".*[145]

Frases sentimentais como essa, que beira a cafonice, aparecem no livro todo (que pode ser lido como eu li, como uma "novela de não ficção" com uma única personagem, o narrador, que desenvolve seu processo mental projetando a imagem de uma mulher amada, uma imagem tão complexa como o próprio pensamento que a produz). Trata-se da eficaz expressão de uma mente que, no seu desejo, procura traduzir em palavras o fluxo contínuo do seu funcionamento ao mesmo tempo que procura (muitas vezes inutilmente) se compreender ou se contextualizar em processos maiores e profundos. Em outras palavras, procura compreender a vida no meio do naufrágio da existência; uma vida cujo fim

---

145. A partir daqui, todas as citações são de cartas do livro *Cartas a la princesa* (Montevidéu, Random, 2023).

último, intui, é a união, isto é, a superação do indivíduo e a comunhão com o (ou a) outro/a. Nesse caminho, procura, e às vezes consegue, capturar ideias e conceitos que podem explicar essa tarefa de todos nós, humanos, a de viver, simplesmente viver.

Estamos diante de uma mente neurótica que procura o Espírito no outro, *"porque falar de amor é uma forma de fazer amor"*. Entretanto, o livro é recheado de episódios jocosos, marca de fábrica levreriana, em que o narrador, um personagem distraído que lembra Buster Keaton, vai tropeçando com a rotina frenética da grande metrópole, Buenos Aires, enquanto reflete sobre a solidão e o sentido de sua existência.

Toda a história ocorre em um momento chave de sua vida, entre os 47 e 49 anos. Está em Buenos Aires pela primeira vez e tem um trabalho próprio, deixando de depender da ajuda da mãe (até aquele momento nunca havia alcançado a independência econômica). Consegue custear um apartamento em um lugar central, próximo da Praça do Congresso, e, ainda por cima, é reconhecido pela primeira vez como escritor (em Buenos Aires, com tudo que isso significa para um uruguaio). Seus livros são publicados, é elogiado por grandes escritores, pela primeira vez leitores anônimos movem céu e terra para conhecê-lo ou enviar-lhe seus comentários, é entrevistado pela imprensa cultural ou participa de apresentações com outros escritores etc. Em resumo, conhece uma pequena fama que, paradoxalmente, afeta sua escrita. Sofre um bloqueio, demora a terminar uma novela curta (*La banda del ciempiés*, que publicaria em capítulos em uma revista do jornal *Página12*), se culpa por ter vendido a alma ao diabo investindo horas da sua vida em um trabalho regular e mercenário (dedica-se a fazer jogos de lógica e crucigramas, coordenando o conteúdo de uma revista de jogos). Defende que uma parte sua, a mais negativa (aquela que tem interesse por dinheiro, fama etc.) fica obstruindo a expressão da outra, ou das outras que lutam para se expressar e não conseguem, o que provoca depressão, tonturas, males estomacais, caspa e toda uma série de moléstias. Fala nisso sem rodeios: *"não posso escrever porque a fama me subiu à cabeça. Está certo que é uma fama pequena, que implica um pequeno público e uma pequena crítica, mas é o suficiente para me tirar da solitária elaboração entre eu e a minha alma e me expor aos olhares alheios; já não posso escrever para mim, com a impunidade que usava; agora há alguns poucos milhares de pares de olhos que estão espiando por cima do meu ombro (...) há gente que se interpõe entre minha alma e eu".*

Por outro lado, acabava de publicar o conto "Diario de um canalla" (autobiográfico, em que ele é o canalha, por trabalhar e protelar a criação); nele aparece pela primeira vez o tom autobiográfico que, anos depois, resultará em *El discurso vacío* e, muito depois, em *O Romance Luminoso*. Talvez estivesse praticando esse tom autobiográfico, sem saber, nas cartas que, como foi dito, configuram uma novela de não ficção.

Apenas para dar um exemplo: desanimado e frente à "superioridade" econômica e profissional de Alicia, que é médica psiquiatra e mulher independente, que parecia não querer se arriscar a viver com um "boêmio", se rebela e se coloca com esta autodefinição: *"na minha escala de valores o que conta é o ser, o amor, a liberdade, o espírito (todos nomes diferentes de uma mesma coisa); aquilo que se sintetiza nos versos* de Ezra Pound: *'Cantemos ao amor e ao lazer, que nada mais se merece ter'. (...) Apesar dos meus esforços (...) acho que sai por todos os meus poros o desprezo pela sociedade e seus valores. Sou um indivíduo que só conhece indivíduos, e os aprecia pelo que são e, às vezes, pelo que fazem".*

Essa é a sua tragédia perante a vida, ao ponto de, como disse em uma entrevista, não se sentir "desenhado para este mundo". Diz: *"Sei que não sirvo para um trabalho estável. Sei que a minha visão do mundo é confusamente estética/ética/afetiva e não dá lucro".*

Com uma lucidez espantosa (e profética) acrescenta: *"Estarei muito acima do seu nível (socioeconómico) somente alguns anos depois de ter morrido; muitos editores terão, graças a mim, a vida que eu não consegui ter (mas que, na realidade, também não quis ter; de modo que existe uma certa justiça)".* Sem dramas, nem amargura, se consola com esse destino, prevendo que a sua literatura nutrirá "alguns anjos" (os leitores).

Nisso também não errou: nós, leitores, ficamos muito agradecidos.

A existência do Espírito

Em certo momento, na descrição do que está vivendo, se queixa porque os habitantes de Buenos Aires, a grande cidade, não conhecem a existência do Espírito. Aqui *"toda a cultura é neutralizada pelo expediente de traduzir imediatamente a informação"*. Afirma que não é possível falar com os portenhos porque *"não conhecem o espírito – só são inteligentes"*. Em outra carta diz: *"As pessoas não absorvem, não se modificam, não 'vivem' os fatos culturais; participam deles com muito entusiasmo mas passam deslocando-os, colocando-os em um arquivo da mente onde são classificados mas, ao mesmo tempo, desativados".*

Um dos melhores críticos uruguaios, José Pedro Díaz, escreveu em uma resenha publicada ainda no início da obra levreriana, que esse escritor tinha uma forte afinidade com as técnicas do romantismo. Esse temperamento romântico, que sempre foi controlado/reprimido por Mario dentro de sua obra (seguramente para não cair no sentimentalismo ou em emoções elementares, explícitas etc.), surge no livro com a força de um furacão.

"Se não nos amássemos terrivelmente", diz com tom dramático, *"esta história dos últimos seis meses seria a coisa mais louca e inexplicável que alguém jamais poderia imaginar".*

Mais adiante, acrescenta: *"Meu amor, meus sentimentos, vão além das palavras e também da minha capacidade de senti-los; tenho medo do meu peito explodir"* (certamente não se trata de uma metáfora: existe um medo literal, concreto e ancestral, germinado desde a primeira infância, quando lhe diagnosticaram um sopro no coração. Posteriormente, esse medo estará justificado porque um colapso cardíaco será a causa direta de sua morte).

"Meu amor" diz um pouco depois, *"não sei onde vai parar tudo isto; preciso da tua mente lúcida para organizar um pouco o caos (eu posso ajudar você a se organizar administrativamente, mas não posso ajudar a mim mesmo com esta massa retorcida de emoções candentes)".* Em outra carta, se despede citando nada menos que o poeta espanhol Miguel Hernández. Escreve: *"Princesa: 'menos teu ventre/ tudo é confuso'".*

Nenhum desses tons sentimentais nem dessas liberdades líricas aparece no resto da sua obra. Obviamente isso se deve ao fato de que não está exatamente escrevendo "literatura para publicar"; mas também não se enganava: a escritura epistolar era, para ele, outro modo de fazer literatura. Quer dizer, o que ele considerava literatura: um aparelho linguístico para conhecer melhor a si mesmo (e que permite, como toda magia literária, refletir a alma do leitor).

Literatura epistolar

Em outro lugar, faz uma longa lista de coisas em que está disposto a ceder, pedindo em troca, para si mesmo, apenas uma. *"Voltei à irresponsável adolescência. O que quer que eu deixe por você? Dou meu apartamento, meu som, minha máquina de escrever elétrica, meu cargo executivo, minhas torneiras de água quente, minha geladeira, minhas camisas novas (segue uma longa lista...). Só peço que me permita conservar minha literatura, ao menos esta, epistolar, e que me permita continuar amando você"*.

Nesta declaração fica evidente que, assim como na correspondência que manteve comigo e que deu origem a estas *Conversas*, percebeu que estava escrevendo algo mais que uma carta ou um e-mail para alguém. Sabia que estava fazendo literatura, a sua literatura, destinada aos leitores; uma prática indissoluvelmente unida à sua sede de autoconhecimento e à necessidade de construir uma identidade sólida que lhe permitisse posicionar-se serenamente no mundo.

Ao mesmo tempo, na evolução do relacionamento com sua amada, há uma pergunta que, consciente ou inconscientemente, ronda todos os apaixonados: *"Temos que ver o que acontece, o que acontece entre nós"*. Está cheio de dúvidas, mas, ainda assim, afirma: *"acho que somos o casal mais explosivamente desastroso que se possa imaginar, se pensamos em termos de convivência doméstica. Eu não deixaria que me mandassem, você não permitiria que eu não lhe obedecesse; eu quebraria todos os seus discos de folclore e você todas as minhas fitas de jazz (...). Por outro lado, acho que nos complementamos perfeitamente, justamente pelas diferenças".*

Mas nenhum processo amoroso é linear, nem totalmente progressivo, e este não é exceção; há retrocessos, dúvidas e, sobretudo, uma chuva de apreensões quanto ao futuro. Ela é médica de profissão, ganha dinheiro e, como médica, tem uma vida estabelecida e um espaço de destaque na comunidade de Colônia, a pequena cidade em que reside. Diante dessa figura poderosa e provedora, Levrero reclama com um tom que pode resultar feminino (à moda antiga): *"Insisto: a questão toda está no jogo duplo (...) Quero saber o que represento na sua vida. Quero saber o que vai acontecer daqui a um ano e pouco, ou o que queremos que aconteça. Quero saber em que você vai ceder, se é que vai ceder em algo. Quero saber se sou um amante para alguns finais de semana ou o companheiro da sua vida."*

Não conhecemos as respostas, nem as nuances da destinatária desses apelos, mas está claro que, tendo um filho e sendo médica em uma cidade pequena, ela entende que, com esse relacionamento, "arrisca" mais do que o escritor, um boêmio que está sozinho e que faz da sua vida o que quer, já que não tem "responsabilidades".

Diante da falta de definição, o narrador cai em poços melancólicos como este: *"Acredito que, a partir deste momento, as coisas têm que mudar, ou afundarei sem remédio. Preciso despojar você de todo o poder que conferi, preciso aceitar que 'tudo é apenas uma questão de pele e de sexo', preciso organizar minha vida em torno da única realidade que é a minha solidão eterna e procurar os estímulos reais que me impulsionem a viver e a não me destruir (...) libertar-me do seu controle remoto, ser livre para poder viver e morrer em paz comigo mesmo".*

Esse relacionamento aconteceu há quase quatro décadas, mas a profundidade do registro dos sentimentos e das emoções reflete (como acontece sempre com a boa literatura) boa parte do estado das uniões afetivas atuais. Vivemos em uma época em que os relacionamentos de longo prazo desmoronaram e praticamente são inimagináveis para as novas gerações. O fortalecimento do individualismo, a expansão do narcisismo e o isolamento da mente egotista é de tal envergadura que grandes parcelas da população estão se resignando a viver em perpétua solidão. A união que supera esse estado mental de isolamento é algo cada vez mais improvável.

Nas cartas, Levrero pensa encontrar, aos 47 anos, o amor de sua vida, mas percebe que é impossível, ou muito difícil, que se transforme em um relacionamento de convivência. No seu desespero por narrar-se, vemos como essa mente analítica (e neurótica) começa a perder o controle, a entrar em círculos viciosos e ruas sem saída onde a vida perde a graça e só resta o olhar pessimista, ou pior, fatalista.

Lendo o livro pensei que todos temos esses dois aspectos, a sensatez (a máscara do consenso social) e a loucura (o desenvolvimento livre de associações mentais que tentam dar conta da realidade e terminam tecendo explicações conspiratórias, delirantes ou paranoicas). Está claro que o primeiro aspecto é entediante e que o segundo é sempre fascinante[146]. *Cartas a la princesa* é o desenvolvimento progressivo do último aspecto.

Vinte anos depois de sua morte, enfrentamos novamente a voz de Levrero dizendo e afirmando coisas que não havia dito e reafirmando outras que aparecem em toda a sua obra (a busca do Espírito, por exemplo).

A história espanhola conta um feito legendário: El Cid Campeador[147] ganhou uma batalha depois de morto. Creio que o escritor uruguaio parece seguir esse caminho, já que, décadas depois de seu falecimento, continua impressionando e ganhando leitores.

O motivo, se é que existe apenas um, está na autenticidade de sua escrita, que servia para analisar o maior mistério de sua vida: ele mesmo.

"Isto não é uma carta para você" diz para sua amada *"(...) mas, como em outras vezes, utilizo a tua imagem de interlocutor privilegiado para desenvolver meu monólogo de busca, tentando, precisamente, que tua imagem me ajude a não perder demais a razão"*. Em outro momento repete *"(...) vou falar de mim*

---

146. Um psicanalista amigo acrescentou um terceiro aspecto: disse que mais interessante que esses dois é ver como as pessoas tentam superar o seu lado louco na rotina da normalidade; esse esforço é o mais sugestivo, é a empreitada mais difícil. Bom, todo o livro é um cenário em que Levrero ensaia, uma e outra vez, esse esforço para levar uma vida normal, mas fracassa.

147. Rodrigo Díaz de Vivar (1043 - 1099), mais conhecido como "El Cid" foi um militar proveniente da nobreza espanhola cujos feitos se tornaram célebres principalmente a partir do poema épico "Cantar de Mio Cid", de 1207. Em 1961, a história de El Cid foi adaptada para o cinema e, desde então, sua figura se tornou popular em todo o ocidente. [N. do R.]

mesmo (como se até agora estivesse fazendo algo diferente), utilizando você como interlocutor inteligente e sensível (e algo fantasmagórico) para poder desenvolver e descobrir alguns pensamentos".

Com certeza devem existir outros livros de Levrero que permanecem inéditos; não sei se algum deles alcançaria a qualidade e a lucidez existencial que há neste, onde com um surpreendente poder de síntese, desenha o âmago de sua tragédia, o que lhe impede de se entregar totalmente ao amor: *"Carrego a cruz de uma inteligência rebelde em uma alma submissa"* anota, *"uma alma que só deseja se entregar; mas a inteligência não permite".*

Graças a essa inteligência, que tanto mal lhe provocou, e graças à conexão que tinha com sua alma, é que continuamos e continuaremos a ler seus textos.

Por isso espero que os leitores brasileiros se aproximem e descubram em seus livros um espelho, o espelho que os espera, e que estas *Conversas* possam ser o complemento para essa viagem interior.

Te mando um abraço
Pablo Silva Olazábal.

ANEXOS

Mario Levrero: o labirinto da personalidade

Álvaro Matus[148]

"Entre, passe, por aqui... por aqui está o elevador". Mal abriu a porta do prédio e os fantasmas que pairavam sobre a figura de Mario Levrero saíram correndo, assustados, se perdendo em uma ruela escura. A noite estava tépida, apesar de correr um vento e ser pleno inverno. Ao que parecia, todos estavam em suas casas, dormindo ou assistindo tevê ou ouvindo tangos. Os uruguaios dizem que inventaram o tango, mas eu sei lá. Acabava de cruzar a Praça Independência, onde começa a parte antiga de Montevidéu, tratando de espantar esses comentários fatalistas que insinuavam que seria impossível entrevistar Levrero: "Tem certeza que ele vai te receber?"; "Liga quando sair do hotel, vai que no último momento ele

---

148. Álvaro Matus (1981), publicitário, escritor e gestor cultural chileno. [N. do R.]

se arrependa"; "Mas se estiver doente ele não vê ninguém, está cheio de obsessões".

Em um mundo que avança de costas para o silêncio, para o recolhimento e para a vida privada, é lógico que Levrero dá margem a todo tipo de mal-entendidos. Lutou até o final de sua vida para proteger sua individualidade, para que o circunstancial, as pequenas bobagens do dia-a-dia, não terminassem afastando o que havia de profundo, verdadeiro e autêntico nele. No fim, quase não saía do seu apartamento e vivia do que ganhava dando oficinas duas ou três vezes por semana. O resto do tempo jogava no computador, lia romances policiais e, sobretudo, dava corpo a uma das obras mais singulares da literatura hispano-americana.

Depois de preparar um café bem forte, nos instalamos na sala do apartamento. Levrero conta que às 11 da noite tinham vindo uns cineastas jovens que queriam que ele os ajudasse no roteiro de um curta-metragem. Ele, que gosta muito de cinema, também gosta de receber jovens. Na parede principal há uma grande foto do Gordo e o Magro (a quem dedicou seu romance *Fauna*) e, na mesa de centro, ao lado das xicrinhas de café, Levrero coloca dois copos e uma garrafa de água mineral. Contra todos os presságios, parece ter todo o tempo do mundo. Ou toda a noite, pois Levrero tinha o ciclo sono-vigília completamente alterado: acordava às três da tarde e deitava pelas seis da manhã. Talvez por isso a sua aparência tão pálida. Aparentava 10 anos mais dos que tinha na realidade: 62. Fumava muito, e o exercício físico era algo desconhecido para ele. Um sopro no coração e a recomendação médica de repouso absoluto mantiveram-no, entre os três e os oito anos de idade, quase imóvel. Daí vem, "o amor ao ócio, à observação das coisas e à leitura", conta o escritor.

Sua vida poderia ser considerada uma apologia à preguiça. Incapaz de exercer qualquer profissão com autêntico entusiasmo, dedicou a maior parte dos seus últimos anos a mergulhar no interior da sua consciência. Tudo que o afastasse do "eu" entorpecia a escrita, atividade que requeria dele uma dedicação quase monástica. No entanto, como todos os escritores que não receberam uma suculenta herança e carecem de mecenas, Levrero se viu obrigado a trabalhar. E trabalhou em atividades mais afins a seu caráter: criador de histórias em quadrinhos e jogos de lógica, vendedor de livros usados, colunista de publicações humorísticas, chefe de redação de uma revista de palavras cruzadas.

Seus primeiros livros, que em nosso país[149] podiam ser adquiridos em livrarias de saldos da rua Huérfanos ou na San Diego, são protagonizados por homens que se perdem em espaços inexplicáveis e sombrios. Em *La ciudad* (1970), seu primeiro romance, o narrador chega a morar em uma casa que, a julgar pela umidade e pelo cheiro de fechada, havia sido abandonada há muito tempo. A saída para comprar parafina, cigarros e algo para comer torna-se uma aventura tão asfixiante quanto absurda. É uma viagem sem volta por ruas e estradas que não levam a lugar nenhum.

París (1979) e *El lugar* (1982) também trazem esse clima onírico, de pesadelo ou diretamente kafkiano. A narrativa seca, transparente e neutra não faz senão acentuar a sensação de estranheza ou de distanciamento da realidade: "A grande estação está quase vazia", comenta o protagonista de

---
149. Refere-se ao Chile. [N. do R.]

París. "Desço do trem, desorientado, a mala na mão direita, a capa de chuva dobrada, pendurada no braço esquerdo contraído; resolvo sentar em um banco. Fecho os olhos e sou tomado por um cansaço extremo, uma desilusão extrema e algo muito parecido com o desespero". O sujeito viajou de trem durante 300 séculos para chegar à capital francesa, mas quando chega, compreende que a viagem foi insensata e que perdeu tudo, "fora a cota de cansaço, a cota de esquecimento, e a opaca ideia de um desespero que vai abrindo caminho".

Em *El lugar*, a personagem acorda em um quarto escuro que não reconhece. Sua memória só lhe permite lembrar de uma tarde ensolarada em que fumava apoiado em uma parede cinza. "Havia outras pessoas, duas ou três, também esperando o ônibus. Achava que essa noite Ana e eu iríamos ao cinema". Mas nesse ponto as imagens do passado se detêm.

Como chegou a esse quarto frio e úmido? Foi resultado de um porre? Passou a noite fora porque foi pego por uma tormenta? O protagonista decide investigar: abre uma porta que o leva a outro quarto, que por sua vez o leva a outro e a outro. Finalmente chega a uma cidade em que passeiam prostitutas sem dentes, mendigos maltrapilhos, policiais que vestem túnicas brancas. Nessa cidade se fala francês, italiano, alemão e outras línguas desconhecidas. A atmosfera geral é de um erotismo retorcido que, mais do que desejo, provoca angústia.

— Você se inspirou em algum sonho para escrever esses primeiros romances?

— Acho que nessa época a inspiração vinha do que eu acredito ser o inconsciente coletivo junguiano, um inconsciente profundo, morada dos arquétipos. Para mim eram experiências reais, reais em sua dimensão inconsciente.

Olhar para dentro, ver o que aparece e contar o que se vê. Nada de planejar. Por isso considero que são livros realistas, derivados de uma experiência pessoal que é mais interior do que fantástica. Também poderíamos dizer que são experiências simbólicas, porque se referem a coisas que não há palavras para nomear e que devem ser simbolizadas por coisas que existem na realidade visível, cotidiana.

— As personagens são totalmente céticas e distantes. Você vê a vida de forma parecida?

— Pode ser, sim, mas não consigo perceber.

— Se define como um cético?

— Pela idade, chamaria de cínico, não de cético. Me definiria como um homem religioso, embora não pratique uma religião. Acho que o universo tem uma quantidade enorme de dimensões que aparentemente não se percebe, salvo se você cai em certo tipo de experiências que, pelo menos para mim, desembocaram em um sentimento religioso. Mais do que ceticismo, tenho um cinismo com relação as coisas humanas. Não acredito muito nas pessoas nem nas posições sociais.

— Você está interessado em provocar um efeito determinado no leitor?

— Há muitos anos, quando recém começava a escrever, ou talvez antes, encontrei um livro que se chama *Psicoanálisis del arte*[150], de Charles Baudouin[151], do qual tirei um conceito pouco divulgado: a arte é hipnose. Então, o

---

150. *Psychanalyse de l'art* (1929). [N. do R.]

151. Charles Badouin (1893-1963), psicanalista e pacifista francês. [N. do R.]

que se produz entre quem escreve (ou pinta, ou se expressa por qualquer forma artística) e quem lê (ou percebe e lê a obra, do tipo que for) é uma comunicação de alma a alma. O que se transmite não é a informação, e sim um conteúdo que está velado e que se introduz a partir de um estado de transe. Para mim, existe um fato artístico quando há hipnose, encantamento. Por isso estou na contramão dos críticos que desmontam os textos, procuram técnicas, explicam racionalmente determinados fragmentos. Isso impõe distância, como os prólogos, que fazem com que se leia procurando o que é dito neles. Acho que a comunicação direta com o autor, a alma, está na forma, no estilo, na estrutura do relato.

— O leitor deveria ser o mais virgem possível.

— Exatamente.

— Você acha que os leitores procuram se identificar com o mundo próprio de cada autor?

— Acredito que as obras de arte, e entre elas as literárias, ampliam a experiência pessoal, acrescentam vida. No fim, você não lembra o que é que viveu e o que é que leu. Eu leio uma e outra vez os romances policiais e não lembro quem é o assassino, mas ficam climas, um sabor de experiência vivida que é pessoal, mas que foi escrito por alguém que não conheço.

— Já se disse que a primeira parte da sua obra é kafkiana. Que lhe parece essa comparação?

— Bom, *La ciudad* é um plágio de Kafka. Eu lia Kafka à noite e escrevia de dia, procurando parecer com ele. Achava que era a forma de escrever. Me saí mal, mas não se nota muito minha intenção. Eu queria fazer algo como "traduzir"

Kafka ao espanhol, quer dizer, aplicar o que é de Kafka ao nosso contexto.

— Nesse livro, como em *El lugar* e em *París*, os protagonistas não têm nomes. Era para potencializar a sensação de estranheza, de anonimato?

— Não faço ideia, mas não esqueça que nessa época eu trabalhava com os arquétipos, que mais do que anônimos, são universais.

— Isso mudou com o tempo?

— Acredito que sim. Esses três romances constituem o que chamei de "Trilogia involuntária", porque foram escritos sem a intenção de fazer uma trilogia, mas é verdade que estão muito vinculados entre si, com o mesmo protagonista ou alguém muito parecido com ele, e o tema da cidade. Depois disso passei a trabalhar com um inconsciente mais próximo, mais freudiano, com a infância e tudo isso, a partir de um livro que se chama *Todo el tiempo*[152], que tem três relatos longos ou romances curtos. Mas atualmente estou no diário do cotidiano. Sinto que a inspiração que vinha "do dedão do pé", pra não dizer dos porões mais profundos, foi subindo, para estar agora em contato com o puramente exterior.

— Quer dizer que começou olhando muito para dentro?

— Sim, muito para dentro. Agora olho para fora, mas sempre elaborando as percepções com uma visão muito pessoal das coisas. Trabalho com o que me acontece. Quero dizer que minhas percepções costumam fazer um longo percurso pelo inconsciente antes de chegar à consciência. Parece que tenho que fazer do fora um dentro, para poder expressá-lo.

---

152. Publicado em 1982.

O romance como autobiografia

No começo dos anos 80, devido à crise econômica uruguaia, Levrero decidiu abandonar Montevidéu e estabelecer-se em Buenos Aires. Rompia com a tranquilidade, com "o conhecido", um fator tão importante para uma pessoa de rotinas rígidas, para ir a uma cidade onde a adrenalina, a pressa e a excitação estavam em nível máximo. É nessa época que se produz a virada de sua escrita para o que poderíamos chamar de "autobiografia psíquica": o narrador mantém um diário de vida no qual manifesta suas frustrações, manias e projetos, ressaltando sua incompatibilidade para funcionar em sociedade, ter um trabalho com horário, uma família, etcétera, etcétera. É uma literatura extremamente autorreferencial, mas que nunca chega a ser condescendente nem enjoativa.

O humor e a ironia com que Levrero se analisa o convertem em uma personagem fascinante: um narcisista extraordinário.

Diario de un canalla, escrito entre 1986 e 1987, reconstrói sua passagem pelas revistas bonaerenses de jogos e passatempos. O relato, no entanto, dá poucos detalhes "exteriores"; é baseado na relação que Levrero estabelece com um pardal que fica preso no pátio interior do seu apartamento.

As reflexões motivadas pelo pássaro dão conta de um homem solitário, fóbico, refém de suas próprias regras, por absurdas que sejam, e que almeja, secretamente, o afeto de uma mulher. Diante da possível decepção dos leitores que procuram ação no livro, o narrador contra-ataca: "Escrevo para escrever a mim mesmo; é um ato de autoconstrução. Estou aqui me recuperando, estou aqui lutando para resgatar pedaços de mim mesmo que ficaram presos em mesas de cirurgia (ia escrever: de dissecção), a certas mulheres, a certas cidades, às descascadas e macilentas paredes do meu apartamento montevideano, que já não voltarei a ver, a certas paisagens, a certas presenças. Sim, vou fazer isso. Vou conseguir. Não me aborreçam com o estilo nem com a construção: isto não é um romance, caralho. Estou apostando a vida". Quando o pardal se recupera, Levrero fica sozinho, lamentando que o pássaro tenha ido embora para sua "vida adulta", processo que inevitavelmente se traduzirá em um olhar frio e ansioso, em disputas com outros pássaros para conseguir alimentos, no desgaste da ternura.

Nesse relato de pouco mais de 40 páginas aparecem todos os temas que depois Levrero desenvolveria magistralmente em *El discurso vacío* (1996) e em *O romance luminoso* (2005): a necessidade de ter mais tempo de ócio para não se converter em um "canalha", isto é, em alguém que vive em função do trabalho, do dinheiro e do poder; o confinamento como mecanismo de proteção da realidade externa e também como via de conhecimento pessoal; o convencimento de que existe uma comunicação de índole desconhecida, entre acontecimentos e pessoas distantes, que explica estranhas coincidências; a relação erótica como elemento indispensável para alcançar a estabilidade psíquica; os transtornos do sono.

Depois de Buenos Aires, o autor foi morar em Colônia, pequena cidade uruguaia na qual viveu com a doutora Alicia Hoppe, que foi sua amiga, terapeuta, esposa, ex-esposa e, por fim, tudo isso ao mesmo tempo. *El discurso vacío* dá conta da época em que Levrero foi morar com ela, com seu filho Ignacio e com o cachorro, com quem passava a maior parte do dia. No registro de 27 de novembro comenta sua relação com Pongo:

"O passo seguinte foi ocupar-me de sua alimentação. Dava comida a ele apenas uma vez por dia, tinha engordado muito por causa disso. Comecei a fracionar sua comida em várias doses, um sistema comprovadamente eficaz para emagrecer, e esse sistema estabeleceu um vínculo especial entre ele e eu, pois me transformei naquele que lhe dá de comer, personagem que para os cães é muito importante, digno do maior respeito e admiração, pelo menos é o que dizem; tenho a impressão de que o cão me considera um empregado seu, às vezes inclusive me olha como se estivesse avaliando a minha real utilidade".

As anotações no diário são intercaladas com a terapia grafológica que Levrero desenvolveu, convencido de que existia uma profunda relação entre letra e caráter. Assim, uma melhora na caligrafia permitiria que ele modificasse certas condutas:

"Letra grande, eu grande. Letra pequena, eu pequeno. Letra linda, eu lindo". O sucesso da terapia, bem como o sucesso do projeto de escrita, dependia da conexão que o autor conseguisse estabelecer com o seu "Ser interior". O problema, então, não está só no trabalho, mas nas inúmeras interrupções, próprias de uma vida de família. Em uma entrevista ao jornal *El País*, Alicia Hoppe relembra aqueles seis anos morando com Levrero: "Houve muitos pontos de conflito. Como todo artista, tinha um narcisismo muito grande. Fazia dos espaços físicos que o rodeavam uma questão de vida ou morte. Eu lhe dizia que, além disso, era um espaço que ele cercava com arame farpado".

Nessa etapa acentuou-se o sedentarismo que acabaria causando disfunções de pressão, de tonicidade muscular, de hipersensibilidade ao sol, e problemas cardíacos. Sua adição ao computador foi aumentando e, quando voltou a Montevidéu, praticamente deixou de sair à rua, salvo para dar um passeio, uma vez por semana, quando comprava romances que se desmanchavam pelo uso. Durante a entrevista, me mostrou uma estante cheia de livros encardidos onde Simenon e Chandler ocupavam um espaço privilegiado. Estavam no seu escritório, atrás do computador que, por sinal, de vez em quando fazia soar um apito, um alarme sutil: era o sinal de que ele devia tomar um medicamento.

— Dá a ideia de que você escreve ou trabalha, mas não se pode fazer as duas coisas ao mesmo tempo.

— Escrever não é sentar e escrever; essa é a última etapa, talvez prescindível. Imprescindível, não para escrever, mas para estar realmente vivo, é o tempo de ócio.

— Você não é um autor profissional, com horário definido e data de entrega do próximo texto.

— Não tenho uma rotina. Não quero nem posso escrever sem a presença do espírito, sem inspiração. Quando comecei a escrever, aos 26 anos, era muito compulsivo. Precisava escrever, escrever e escrever a partir de uma imagem obsessiva que não me soltava. Cavoucava nessa imagem para ver o que tinha no fundo. A partir do romance *Desplazamientos*, quando tinha uns 40 anos, o processo começou a ser mais lento. *El lugar* ou *París* eu escrevi em quinze dias. Se não os concluísse, não conseguiria viver. *Desplazamientos* levou uns dois anos.

— E quais são suas fontes de inspiração?

— Se eu não tenho alguma urgência interior, não escrevo. Passei anos tranquilamente sem escrever. Tive a experiência da coluna da revista *Postdata*, que me obrigava a fazer uma entrega semanal, e me obcecava porque tinha medo de ficar sem material, de não ter assunto, mas aquilo não era tão inspirado, era algo forçado. De qualquer forma, sempre tentava fazer com que tudo passasse pela imaginação, e isso é o que procuro ensinar nas oficinas literárias (que não são propriamente literárias, mas de motivação, de desenvolvimento da imaginação). A exigência está em poder escrever o que se vê e não o que se pensa; trabalhar com a memória imediata, recente, e com a de longo prazo. A memória e a imaginação são muito parecidas. Transmitir uma lembrança, revivida passo a passo pela imaginação, isso já dá um estilo pessoal.

— Várias histórias suas começam a partir de um sonho. Dá a eles um valor literário?

— Sim, sim. Temos deixado de lado a experiência dos sonhos porque não é produtiva, mas é vida, e uma vida muito interessante. Eu acredito que as coisas mais importantes acontecem aí. Às vezes até atribuo a eles uma qualidade material; enquanto se dorme, há uma parte que precisa estar em outra dimensão. A gente continua sendo a mesma pessoa, mas está sendo submetido a outro tipo de realidade. A alma está muito ativa e há emoções muito fortes: chorei mais em sonhos que em vigília. Há experiências de enamoramento que começam em um sonho. *Desplazamientos* surgiu da obsessão que eu tinha por uma mulher. Falei disso com minha terapeuta, mas ela não a interpretou. Na semana seguinte, também não, e nem na outra. Então abandonei a terapia, chateado com a terapeuta. Me pus a escrever procurando o que havia nessa imagem. Levei dois anos, e depois agradeci a essa senhora que não havia interpretado aquele sonho, pois se tivesse feito isso, teria me matado, pois teria matado a angústia que motiva o escritor.

— Por que o sonho está tão dissociado?

— É que é preciso produzir. É aquilo que diz Foucault, que a sociedade transformou o tempo de vida em tempo de trabalho, e o tempo de trabalho em tempo de produção de bens materiais. Vivemos em uma sociedade que tem distorcido totalmente o homem natural.

— Você apoia um ócio maior.

— Totalmente. O ócio tem que ser absoluto para que sejamos mais ou menos humanos.

— Mas também precisa produzir. Como resolve isso?

— Produzo a partir do ócio. Não faço nada que não goste. Não trabalho de forma alienada. E o ócio não significa simplesmente fazer nada; pode ser muito ativo.

— Como é viver com o horário de sono trocado?

— Altera a coisa prática, porque acaba sendo difícil chegar a tempo, antes de fechar o comércio. Preciso do apoio de pessoas que me ajudam, que pagam o meu aluguel, compram carne e pagam outras contas. Gostaria de conseguir corrigir isso, mas continuo evoluindo e cada vez acordo um pouco mais tarde.

— Fica angustiado de trabalhar à noite?

— Pelo contrário, é um prazer. Deve ser por isso.

— Com que idade começou essa alteração do sono?

— Desde jovem, mas foi aumentando. Quando era jovem, tinha que levantar às 9 e só conseguia às 11. Depois tinha que ser às 11 e levantava uma da tarde. Ainda faço algum esforço, mas pouco.

— Isso não deixa você mais sozinho?

— Sim, o tempo de contato com o mundo é mais breve. Às vezes fica apertado. Mas não sinto que esteja mal. Tenho minhas compensações, como a relação que tenho com os alunos, muitos amigos que vêm me visitar.

— Quando você estava casado também tinha esse ritmo?

— Nessa época ia deitar às duas da manhã e já causava problemas na casa. A gente se sente culpado por não estar à disposição.

— Como você vive a cidade, se dorme o dia todo?

— Vejo Montevidéu estranha e triste. Mudou muito, está mais pobre e suja, muita miséria e violência. Não estou acostumado com isso, não é a cidade onde eu caminhava quando era jovem. Tenho que fazer esforço para caminhar umas quadras, que é o que recomenda o médico, mas saio pouco porque tenho muitas fobias na rua. Saio acompanhado.

— Seus romances são altamente visuais. Que relação você tem com o cinema? Considera uma outra forma de narrar?

— É a mesma forma, a mesma linguagem, só que com outro formato. Eisenstein achava isso, e eu estou totalmente de acordo. A literatura é mais rica porque as imagens são produzidas pelo leitor e assim ocorre uma relação mais íntima com a obra. O cinema é mais forte, pelo poder de convicção das imagens; mas essas imagens são as que estavam na mente do diretor, por isso o espectador é mais passivo que o leitor.

— Você também se nutre de outras artes, como os quadrinhos e os romances classe B.

— Sim, os romances policiais me envenenam. É um erro procurar fontes exclusivamente literárias para a literatura, como se um fabricante de queijos tivesse que se alimentar exclusivamente de queijos. Fico impressionado com essa miopia generalizada, esse afã de construir um mundo coerente, porém falso, onde todos os escritores estão pendurados com alfinetes em um mapa, em uma rede de parentescos e influências. Eu vi os filmes dos irmãos Coen umas oito ou nove vezes, sobretudo *Barton Fink*. E quase todos os meus livros têm uma música que os acompanha, que toco para eles uma e outra vez enquanto escrevo. Na época de *La ciudad*, Beatles; para *Nick Carter* escutei as valsas de Strauss; para *Caza de conejos*, Schubert.

— Li que você gostava muito de cinema mudo.

— Sou fanático. Sobretudo Buster Keaton. Sou também fanático pelos irmãos Coen. Gosto de filmes de ação, mesmo com violência, desde que não sejam mórbidos. Os que combinam algo policial com humor são os mais atraentes para mim.

— Você usou vários heterônimos, como Lavalleja Bartleby, Tía Encarnación, Alvar Tot, Sofanor Rigby, o professor Off. São identidades diferentes, à moda Pessoa?

— Acho que não. São circunstanciais, porque enquanto estava escrevendo minha literatura como Mario Levrero, ganhava a vida fazendo humor em algumas revistas, e isso era malvisto naquela época. Parecia pouco sério nos anos setenta, porque ainda predominava o que era chamado de geração crítica, com escritores superintelectualizados, superexigentes, cultos, que viam o humor em um nível inferior. Isso pesava um pouco para mim, talvez por excesso de timidez. De fato, a maioria dos pseudônimos se devem ao meu trabalho em publicações humorísticas.

Uma obra luminosa

Na época desta entrevista (agosto de 2002), Mario Levrero estava trabalhando no seu livro mais ambicioso. Contou que havia ganhado a bolsa Guggenheim e, assim, pela primeira vez, podia dedicar-se exclusivamente a escrever. O único problema é que agora não tinha o que escrever.

Estava em um dique seco. "O romance – acrescentou em tom de ironia – tratará justamente de um autor que quando tem tudo para se concentrar na Grande Obra, não consegue escrever. Então terá um prólogo de 300 ou 400 páginas no qual ele irá se desculpar por ter produzido, com o dinheiro da bolsa, um romancezinho de apenas cem páginas".

Hoje sabemos que esse projeto terminou sendo *O romance luminoso*, publicado pela Alfaguara em 2005, um ano depois da morte do autor. O livro é uma 'summa levreriana': 542 páginas nas quais seu autor eleva ao quadrado, ou ao cubo, o absurdo cotidiano. Aparecem suas amantes, sua ex-mulher, sua professora de ioga, o dentista, os alunos da oficina, o computador, cem vezes o computador com seus jogos e fotografias pornográficas, os romances de fantasmas e os romances policiais, e algum romance sentimental, ideal para evadir-se.

Levrero, confinado no seu departamento, fica se debatendo entre jogar no computador ou escrever, pôr alho no tomate antes de extrair o dente (decide que sim, para se vingar do dentista), cortar a barba ou as unhas, telefonar a

Chl para pedir que ela venha morar com ele ou que fique só por algum tempo.

Sob esse encadeamento de acontecimentos triviais esconde-se um homem atormentado, neurótico e cativante, capaz de ironizar sobre os aspectos mais sombrios da existência. Quando se refere ao começo do seu relacionamento com Chl, abreviação de "Chica lista"[153], Levrero conclui que "na tensão do nosso desejo, Chl e eu fomos, por um momento, como deuses. Uma forma sobrenatural de magia que está ao alcance de todo mundo, mas que poucos percebem como tal". Depois veio o desencantamento, a amante transformou-se na amiga preocupada com sua saúde, sua alimentação e também pelos avanços do diário da bolsa. Em outro registro, o autor dá mais pistas: "Ontem à noite Chl leu estas páginas recentes do diário onde nosso encontro é narrado. A leitura teve nela o mesmo efeito que eu senti ao escrever, e ficou com os olhos avermelhados e as bochechas úmidas. Não digo que outros leitores irão se comover da mesma maneira, mas essas lágrimas não deixam de ser um comentário estimulante para o meu trabalho".

Outros leitores, seguramente, também devem ter ficado emocionados. E sentido o vazio ou a infinita tristeza que provoca ver uma vida se esmigalhando irremediavelmente. Os grandes livros sempre implicam leituras múltiplas, movediças. *O romance luminoso* é um monumental exercício de exibicionismo, uma versão atualizada de *O homem sem qualidades* de Musil[154], um manual para escritores em crise,

---
153. Em espanhol, "Garota Esperta". [N. do R.]
154. Publicado em dois volumes, em 1930 e 1933, *O homem sem qualidades* (*Der Mann ohne Eigenschaften*) é o romance mais famoso do escritor

mas, sobretudo, é a prova de que a viagem mais árdua e arriscada é a que alguém realiza até o fundo de si mesmo. Levrero internou-se como ninguém no labirinto da personalidade, percorreu cada uma de suas dobras mentais e, finalmente, teve a coragem de nos contar o que tinha visto.

Entrevista publicada no número 5 da *Revista UDP* (Universidad Diego Portales), Santiago do Chile, 2007.

---

austríaco Robert Musil (1880-1942). [N. do R.]

Levrero e os pássaros

Ignacio Echevarría[155]

Entre os papéis póstumos de Albert Camus encontra-se a seguinte anotação: "Tema de Musil: a busca da salvação do Espírito no mundo moderno". A frase veio à minha memória quando, em uma das últimas entrevistas que fizeram com Mario Levrero ("El laberinto de la personalidad", publicada no número 5 da Revista UDP, Santiago de Chile), seu autor, Álvaro Matus, a propósito de *O romance luminoso* de Mario Levrero diz que é "uma versão atualizada de *O homem sem qualidades* de Musil". A afirmação de Matus soa tão deslocada que urge questionar qual é seu fundamento. E foi então que lembrei das palavras de Camus, pois o tema de Levrero, a obsessão central que percorre sua obra, poderia muito bem ser formulada de um modo parecido: como a busca da salvação do *Espírito*. Só que o conteúdo dessa palavra, Espírito, reúne em Levrero conotações algo diferentes das

---

155. Ignacio Echeverría Pérez (1960), filólogo, editor e crítico literário espanhol. [N. do R.]

que têm para Musil. E o espaço dessa busca não seria mais, no caso, o "mundo moderno", e sim, mais humildemente, a personalidade excêntrica e escorregadia do próprio Levrero. De um escritor que não tem nenhum constrangimento em exibir a si mesmo como um homem – ele sim – carente por completo dos atributos confiáveis para abrir seu caminho no mundo moderno, do qual, por outro lado, se desliga soberanamente, embarcado como está em uma impiedosa, radical e hilariante introspecção.

Boa parte da obra de Levrero, e não apenas *O romance luminoso*, faz parte dessa teimosa busca do Espírito, como indica o fato de que, mesmo publicado postumamente, a escrita de *O romance luminoso* data de começos da década de 1980, pouco depois de Levrero concluir sua "trilogia involuntária" sobre a cidade (involuntária porque somente a posteriori o próprio autor percebeu que escrevia, consecutivamente, três romances – *La ciudad*, 1966, *El lugar*, 1969 e *París*, 1970 – que tinham em comum o tema da cidade). Os textos dessa célebre trilogia, além disso, particularmente o primeiro, remetem a um outro autor que, diferente de Musil, costuma ser associado, e com razão, a Levrero: Franz Kafka. O próprio Levrero disse que Kafka foi determinante não apenas na sua vontade de ser escritor, mas na forma como ele decidiu ser escritor. "Até ler Kafka não sabia que era possível dizer a verdade", declarava Levrero a Hugo J. Verani em 1992. Palavras que convidam a lembrar as do autor de *O castelo* quando afirma que o que faz um escritor ser escritor "não é ver a verdade, mas ser a verdade", e recomenda: "não nos faça acreditar no que você diz: faça-nos acreditar na sua decisão de dizê-lo". Levrero cumpre com rigor essa ordem. Ainda mais quando "a verdade profunda das coisas é necessariamente difusa, imprecisa, inexata", como afirma o narrador de *Desplazamientos* (1987); e é assim porque "o espírito se alimenta do mistério e foge e se dissolve quando aquilo que chamamos de precisão ou de realidade tenta fixar as coisas de uma forma determinada ou em um conceito".

O nome de Kafka permite compreender em que sentido cabe se referir a Levrero – que na mencionada entrevista de Matus se define "como um homem religioso", e que em vários momentos de *O romance luminoso* invoca Santa Teresa como "a minha patroa" – como um autor místico. Tanto Kafka como Musil, cada um a seu modo, delimitam dois dos vetores (um terceiro, entre outros possíveis, poderia ser J.D. Salinger, citado por Levrero no final de *O romance luminoso*) em que a uma mentalidade laica do século XX é dado aspirar a uma experiência mística. Nenhum desses autores teve medo de referir-se abertamente a esse Espírito cuja busca se torna uma obsessão de Levrero. Ele vê a literatura como "a tentativa de comunicar uma experiência espiritual", nada menos, entendendo assim qualquer experiência em que se observe "a presença do espírito ou, se preferirem, do meu espírito". E se apressa em pontuar que o espírito "é algo vivente inefável, algo que faz parte das dimensões da realidade que habitualmente caem fora da percepção dos sentidos, inclusive dos estados habituais de consciência".

Convém lembrar disso para compreender o vivo interesse que Levrero sentia pelos fenômenos chamados parapsicológicos, como a hipnose e a telepatia. Um interesse paralelo ao que sentia pelos sonhos e por todas as manifestações do inconsciente. Desses interesses manifestos e do tipo de prática literária que eles propiciam deriva que a escrita de Mario Levrero seja enquadrada, frequentemente, dentro da literatura fantástica (aparentada com a de Felisberto Hernández e a de Júlio Cortázar), que seja celebrado como um mestre da ficção científica ou que tenha sido associado ao surrealismo. Mas o próprio Levrero, desconfortável com essas etiquetas, ocupou-se em especificar o alcance restrito e mesmo equivocado que elas mantêm em relação à sua obra.

"A crítica literária – declarava em uma entrevista a Pablo Rocca[156], em 1992 – parece dar muitas coisas por certas, entre elas a existência de um mundo exterior objetivo e, a partir disso, aponta limites precisos para a realidade e para o realismo, com a certeza de que o mundo interior é irreal ou fantástico, e tenta rotular tudo de acordo com esses pontos de partida arbitrários e pretensiosos".

A verdade é que a literatura fantástica, assim como a ficção científica, é orientada por parâmetros que não se encaixam na literatura de Levrero, que ampara toda sua obra sob o manto do realismo. Um "realismo introspectivo", segundo a formulação de Pablo Rocca, que, em dado momento, Levrero achou "sumamente adequada", uma vez que aponta na direção dessa dimensão "interior" da experiência para a qual se orienta principalmente sua imaginação. Além do mais, "o que é o fantástico?", se pergunta Levrero: "Não é verdade que, algumas vezes, uma mosca é um ser extraordinariamente fantástico? Você nunca captou a emoção de uma árvore? E a gente mesmo, se por um momento faz a experiência de esquecer o próprio nome,

---

156. Pablo Hugo Rocca Pesce (1963), professor e crítico literário uruguaio. [N. do R.]

o papel social e outras pautas alheias, não é um ser muito misterioso, *fantástico?*".

Importa perceber aqui que a realidade representada por Levrero pode resultar – ele mesmo admite – "cruel, de pesadelo, asfixiante", mas nunca se apresenta "deformada": "Esse costuma ser um recurso da ficção científica. Eu não falaria de 'deformação da realidade' com relação aos meus textos, e sim de subjetivismo... Me faz pensar nos sapatos que estão em uma vitrine e nos sapatos 'deformados' pelo uso. Você chamaria de 'deformados' os sapatos que usa? São mais 'reais' os da vitrine?".

Quanto aos sonhos, Levrero diz que para ele não deixam de ser "experiências reais, reais na sua dimensão inconsciente". Sua literatura está relacionada com eles enquanto "experiência simbólica". É evidente, aliás, que Levrero trabalha com o material que os sonhos lhe oferecem. Mas esse trabalho – convém advertir – é desenvolvido em interação com a própria consciência, a qual intervém, sobretudo, durante o trabalho de revisão e correção da escrita.

Aqueles que participaram da oficina de correção que Levrero ofereceu durante anos, paralelamente a suas oficinas literárias, ou aqueles que se beneficiaram com sua abnegação como leitor atentíssimo e muito escrupuloso dos textos que submetiam à sua apreciação, lembram da severidade "prussiana" (assim qualificada por Pablo Silva Olazábal) com que assumia essa tarefa de corrigir incansavelmente. O caso é que, em Levrero, a atuação do inconsciente costuma aparecer vigiada – dirigida, estimulada, ajudada, modulada ou até "incomodada" – pelo eu consciente, que não renuncia a restaurar, por meio da escrita, o que Levrero chama de uma experiência "completa". Partindo desse ponto de vista, o próprio Levrero propõe eliminar dos seus textos a palavra *casualidade* ("que é só ignorância dos determinantes"), e reclama que se relativize "aquilo da *associação livre*". Levrero admitia ter se entusiasmado com o surrealismo, com o qual se familiarizou "depois de escrever um romance e vários contos"; mas, embora assumisse ter incorporado alguns dos seus recursos na sua prática literária, não sentia que o tivesse marcado quando começou a escrever, em geral, não se considerava especialmente devedor desse movimento.

Em relação à psicanálise, faz parte – inevitavelmente, pode-se dizer – da bagagem cultural de Levrero, mas sua influência deve ser considerada a partir da aversão que ele professa por todo tipo de análise associada à experiência literária, às interpretações unilaterais, à perspectiva crítica. Pelo mesmo motivo, Levrero parece muito capaz de empregar desinibidamente categorias – a de alma, por exemplo – que parecem aproximá-lo do esoterismo mais irritante e descarado. Mas nesse ponto é necessário recuperar a perspectiva "espiritual" mencionada no início. Não sem antes advertir, isso sim, que a busca do Espírito e da sua salvação aparece imbricada, em todo o conjunto de sua obra, por alguns elementos que tendem a distrair de sua direção mais profunda.

Entre esses elementos está a atitude lúdica que percorre toda a obra de Levrero. Ele se mudou, em 1985, de Montevidéu a Buenos Aires, para exercer o cargo de chefe de redação de uma revista de palavras cruzadas que ele ajudou a recuperar. É conhecida, por outro lado, sua adicção por computadores e pela manipulação de todo tipo de programas de computador, bem como por jogos de lógica. A dedicação de Levrero à literatura parece competir com seu gosto por tiras humorísticas, histórias em quadrinhos, cinema e muitas outras manifestações da cultura popular, inclusive a música. Boa parte disso se transfere para seus livros, nos quais a "aventura interior", com a qual nunca deixa de estar envolvido, é submetida a uma força centrífuga, um impulso de evasão que parece atuar no sentido oposto à busca de si mesmo, já que faz isso, digamos, em uma mesma direção. Essa direção é perpendicular à espessa camada do cotidiano – isto é, de compromissos, de tarefas, de relacionamentos, de tráfegos, de distrações, de "pequenas estupidezes sem sentido" – que malogram, uma e outra vez, os objetivos que ninguém deixa de se propor e que o condenam "à eterna postergação de si mesmo". O maior benefício da escrita é atravessar essa camada. Assim, antes de se constituir em caminho de perfeição ("o retorno a mim mesmo": esse é o projeto de Levrero), ou melhor, ao mesmo tempo, a literatura cumpre para Levrero uma função auxiliar, que oferece a oportunidade de subtrair-se momentaneamente da sujeira que cobre a própria personalidade.

É no âmbito do interesse de Levrero pelos gêneros populares que deve ser enquadrada também sua compulsão pelos romances policiais, que fornecem o padrão de muitos de seus relatos. Embora neste caso seja possível uma associação profunda entre o arquétipo do romance policial – uma investigação – e a procura que, segundo estamos postulando, orienta toda a literatura de Levrero.

E depois há o outro elemento, tão relevante na obra de Levrero, que não apenas distrai, mas convida a considerar como fingimento sua pretensa espiritualidade: o humor.

Com toda razão, fala-se com frequência de Levrero como humorista. Sabe-se que com o nome de Jorge Varlotta (que vem, como o próprio nome de Mario Levrero, dos nomes e sobrenomes verdadeiros de Jorge Mario Varlotta Levrero), publicou uma paródia de folhetim intitulada *Nick Carter se divierte mientras el lector es asesinado y yo agonizo* (1975), nome que, posteriormente, continuou utilizando como autor de histórias em quadrinhos. Naquela época (nos anos de ditadura no Uruguai e nos imediatamente posteriores) o humor era malvisto, e esse e outros pseudônimos serviram para que Levrero conseguisse trabalhar, dependendo do âmbito, com maior liberdade. Apesar dessa esquizofrenia deliberada, na obra de Mario Levrero o humor nunca deixa de estar presente. E, no que diz respeito ao erotismo, que também impregna tão intensamente sua literatura, deve-se pensar, aqui, em uma atitude de conteúdo "essencialmente espiritual".

Não é preciso recorrer à teoria freudiana sobre o chiste para reconhecer o valor liberador que, com frequência, tem o riso. Levrero lembrava de um célebre ensaio de Arthur Koestler em que ele considera o humor como uma forma peculiar de criatividade, associando-o a uma busca que sempre conduz a um tipo de revelação imprevista. Convém observar, sob esse ponto de vista, o papel determinante do humor em Levrero. Para ilustrá-lo, nada melhor que o aspecto material que o Espírito adota, para ele, quando finalmente decide se manifestar. Esse Espírito que Levrero nunca deixou de perseguir e que, de repente – conta isso em *Diario de un canalla* – desce ao pequeno pátio dos fundos da casa que ocupa em Buenos Aires, em um 5 de dezembro de 1986.

Levrero descobre isso ao meio-dia, quando abre as cortinas do seu dormitório (na noite anterior tinha ido dormir às 4:30 da madrugada, "graças à leitura de um romance policial"). Encontra, então, uma criatura que parece um pardal, "embora de tamanho maior e com uma plumagem de cor mais confusa, e bico como o de um pato". Trata-se – confirmará mais tarde – de um filhote de pomba que caiu ali por acidente e que Levrero não tem dúvida de se tratar de "um sinal do Espírito, uma forma de alento para esse trabalho que tão penosamente comecei". Passado um par de dias, o filhote de pomba aprende a voar e desaparece sozinho do pátio. Mas, pouco tempo depois (só duas semanas), Levrero descobre, aninhado em um vaso, no mesmo pátio, um filhote de pardal cujos pais vêm alimentar de vez em quando.

"Estou louco?", pergunta-se. "É provável. Mas toda essa agitação de pássaros ao meu redor me faz sentir a presença do Espírito."

Passarinho – esse é o nome que dá ao pardal, esse novo e inequívoco sinal do Espírito – vira objeto dos cuidados de Levrero, que teme que ele morra de frio à noite. Mas Passarinho sobrevive e, como também era de se esperar, conforme cresce, vai aprendendo a voar e abandona aquele que o protegeu com tanto cuidado.

A atenção dispensada por Levrero primeiro à pomba, depois ao Passarinho, lembra das fábulas de animais de Kafka, inclusive aquela que tem Odradek como protagonista, "A preocupação do pai da família"[157]. Em muitas dessas fábulas, o enigma que o animal propõe ao narrador parece sugerir

---

157. Odradek é um personagem de natureza indefinível – meio objeto, meio ser vivo – que protagoniza o conto citado. "A preocupação do pai

a iminência de uma revelação, a manifestação de algo cujo sentido torna-se sempre fugidio.

Algo parecido acontece com Levrero, seja com os pássaros, seja com uma abelha (também no *Diario de un canalla*), seja com o cão Pongo (em *El discurso vacío*). O animal, em todos os casos, atua como "sinal" do Espírito, contribuindo com a dolorosa constatação de uma ordem primordial na qual o ser "participa de algum modo secreto da faísca divina que percorre infatigavelmente o Universo e o anima, sustenta, proporciona realidade sob sua aparência de casca vazia".

Em *O romance luminoso* se lê o seguinte: "Nunca lhe aconteceu, olhando para um inseto, ou uma flor, ou uma árvore, perceber que, por um momento, há uma mudança na estrutura de valores, ou de hierarquias? [...] É como se eu olhasse o universo do ponto de vista da vespa – ou da formiga, ou do cão, ou da flor – e ele parecesse mais válido do que meu próprio ponto de vista [...] Toda forma de vida torna-se, nesse momento, equivalente [...] o que é inanimado deixa de sê-lo e não há lugar para uma não-vida".

A genialidade de Levrero consiste, a partir de *Diario de un canalla*, em aceitar e tornar verosímil que o Espírito se anuncie para ele conforme a mais ortodoxa iconografia cristã: em forma de pássaro.

"Algo acontece com os pássaros", escreve Levrero em *El discurso vacío*. Ocorre, diz ele, "cada vez que começo a escrever". Em *El discurso vacío* é Pongo, o cão, que aparece com um pássaro morto na boca. "Essas coisas são

---

de família" ("Die Sorge des Hausvaters") faz parte da coletânea de contos *Um médico rural* (*Ein Landarzt*, 1919). [N. do R.]

desconcertantes e me complicam, sobretudo por sua carga simbólica. Sinto como se, de repente, as circunstâncias me situassem em cheio em um tema que procuro evitar, um tema para o qual ainda não me sinto maduro".

Esse tema é – o leitor já sabe – a salvação da própria alma, "a volta a mim mesmo". "O que foi feito da minha alma? Onde estará?", clama Levrero uma e outra vez. Faz isso de forma desesperada, pela "incapacidade da minha consciência para dar conta de certos conteúdos inconscientes que lutam para vir à superfície". A única via que encontra para consegui-lo é a escrita. Uma escrita cada vez mais compulsiva e, por outro lado, cada vez mais distante da necessidade de ser articulada, posto que, por si só, arrasta esses conteúdos inconscientes que somente a posteriori irão se manifestar como tais. A escrita, então, consagra-se como um espaço no qual quem perdeu a alma poderá recuperá-la. Ou, pelo menos, seus pedaços.

"Se eu escrevo é para lembrar, para acordar a alma adormecida, avivar o cérebro e descobrir seus caminhos secretos", como se lê em *El discurso vacío*; "minhas narrações são, na sua maioria, fragmentos da memória da alma, e não invenções". De modo cada vez mais radical, a escrita de Levrero assume essa condição de rede com a qual capturar sua própria alma. E, cada vez mais desolado, constata a impossibilidade de, com os pedaços que vai recuperando, poder reconstituí-la. Essa impossibilidade vai transformando-se, aos poucos, na corda que tensiona a escrita de Levrero, sua aparente informalidade. E sob os trejeitos humorísticos, desvela uma natureza essencialmente trágica.

O filhote de pomba e o filhote de pardal, por meio dos quais o Espírito se manifesta em *Diario de un canalla*, são substituídos em *El discurso vacío* pelo pássaro morto que o cão Pongo traz na boca na volta de uma de suas escapadas. Em *O romance luminoso*, convertem-se no cadáver de uma pomba que o próprio Levrero descobre, certo dia, ao subir a veneziana de seu dormitório, em Montevidéu, em um terraço muito próximo ao prédio onde ele mora; um cadáver que ele observa, obsessivamente, dia após dia.

"A pomba morta continua pomba morta. Quero dizer que conserva a forma de pomba. Achatada e com o peito branco revolto, não sei se ensanguentado, mas ainda com quase todas as suas plumas e sua forma. Acho estranha essa permanência".

O sinal do Espírito seria, então, essa pomba morta. Não é preciso, a essa altura, sugerir os simbolismos dessa imagem. Mas importa, sim, assinalar o fato dessa permanência, que é a do Espírito mesmo, a de seu rastro, mesmo onde parece ter sido aniquilado.

No seu grande livro póstumo, Levrero aceita, de início, sua incapacidade de reter por meio da escrita as experiências luminosas, essas epifanias do Espírito. "Todo este livro – diz – é o testemunho de um grande fracasso". O que resulta prodigioso é como Levrero trabalha a partir de seu próprio fracasso, e como, com o material de sua derrota, constrói o molde desse impossível romance luminoso, seus contornos. Se a experiência luminosa não é narrável, como finalmente admite Levrero, é possível, entretanto, narrar a escuridão que a cerca e a necessidade de luz. *O romance luminoso* se converte, assim, no negativo de uma experiência mística, no esvaziamento de seu rastro, no clamor da sua iminência. Na gloriosa pilha de penas e excrementos que confirmam que o Espírito passou por ali, e que existe, portanto, uma esperança de salvação.

Kafka escreveu: "A vida é uma distração permanente que sequer permite tomar consciência daquilo de que distrai". Toda a obra de Levrero pode ser entendida como uma reiterada tentativa de fugir dessa maldição. A experiência luminosa consistiria, simplesmente, em criar consciência, apesar de tudo. "Nisso consiste a verdadeira aprendizagem", escreve Levrero. "Não saber que se sabe e, de repente, saber."

Artigo publicado no número 5 (Ano 03), da *Revista UDP* (Universidad Diego Portales), Santiago de Chile. Julho de 2007, pp. 92-94.

Raridades

1. Pergunta para O Escritor

Em 1973, a revista *Maldoror*[158], do Uruguai, publicou no seu número 9 uma entrevista coletiva com Juan Carlos Onetti. Quatro escritores, entre os quais se encontrava Mario Levrero (que tinha somente dois livros publicados), foram convidados, e cada um formulou uma pergunta. Os outros repórteres foram Carlos Pellegrino, Héctor Galmés[159] e Teresa Porzecanski.

O questionário, que foi entregue por escrito – não foi uma entrevista presencial –, estava em sintonia com a atmosfera cultural da época, exceto pela última pergunta, que foi a realizada por Levrero.

---

158. *Maldoror – Revista de la ciudad de Montevideo* (1967-2015), revista cultural dirigida pelo poeta, compositor e paisagista uruguaio Carlos Pellegrino (1944-2015). [N. do R.]

159. Héctor Galmés (1933-1986), escritor, professor e tradutor uruguaio. [N. do R.]

Maldoror: Há alguns anos li *O poço* do início ao fim (eu, mau leitor e com discutível senso crítico, além de pessimamente informado). Pareceu-me uma obra formidável, autêntica, comparável com as melhores dos escritores que eu mais gostava. Isto é, sem observar as distâncias, porque não há distâncias, mas enquadrando as coisas no seu lugar e no seu tempo, me deixou a impressão de algo de Kafka ou de *O estrangeiro* de Camus, ou de *Os sete loucos* de Arlt. E há uma relação entre essas obras e seus autores, e entre essas obras e eu – uma relação entre muitas possíveis, mas muito importante – e é o que há de suicídio nelas, por trás e acima delas. Contudo, a literatura posterior de Onetti é diferente. Não me custaria nada falar de qualidade, de ofício, de profundidade e de acertos; mas é diferente, ali não há suicídio ou não é real o suicídio. Existe, talvez, a distância que vai de *A peste* a *O estrangeiro*[160]; em última instância, a descoberta de um artifício. Talvez essas obras sejam mais literatura (e acho que Kafka nunca aprendeu a escrever e foi suicida até a morte).

A pergunta que eu formularia para Onetti, então, tem muitas pontas e talvez o aborreça, teria a ver com o suicídio, com a distância entre *O poço* e suas outras obras; se ele alguma vez o sente assim, se ignora isso, se nunca o sentiu; se odeia *O poço*, se sente que foi escrito por outra pessoa ou se preferiria não ter escrito esse livro; se nunca se sentiu culpado por ter continuado a viver ou ter continuado a escrever. Se, por exemplo, não há algo disso em *Bienvenido, Bob*[161], ou alguma outra coisa que, apesar do artifício, me

---

160. Romances publicados, respectivamente, em 1947 e 1942. [N. do R.]
161. Conto publicado em 1944. [N. do R.]

impressiona muito. Se não há em *Bienvenido, Bob* essa culpa por ter aceitado algumas regras para seguir vivendo.

Onetti: Quanto à pergunta final que faz Mario Levrero (que suplico que seja publicada) penso que ele tem razão. A respeito do suicídio, é quase seguro que acerta. Acho que em todos meus livros, além de *O poço*, o tema principal e subjacente é o suicídio. O ato pode ser postergado; Mario Levrero poderia iniciar-me nessa experiência.[162]

2. Os mecanismos de criação

Nesse mesmo número 9 da revista *Maldoror*, pediu-se a vários escritores que descrevessem como imaginavam o funcionamento de seu processo criativo. Era 1973, e um Mario Levrero de trinta e três anos, que tinha publicado seus dois primeiros livros (*La ciudad* e o volume de contos *La máquina de pensar em Gladys*) redigiu o seguinte artigo.

Sobre os mecanismos da criação

A proposta do tema foi formulada com certa prepotência, incitando-nos a aceitar, de antemão, que existem mecanismos; a

---

162. Carlos Pellegrino foi o encarregado de enfrentar Onetti para entregar o questionário. Para isso teve que visitar seu escritório de Diretor das Bibliotecas Municipais de Montevidéu – na época localizado no Castelo do Parque Rodó. Pellegrino me contou que quando Onetti leu a pergunta de Levrero, seu rosto se contorceu, contraiu a cara e amassou o papel. Depois falou, entredentes: "Isso não é pergunta, isso é crítica. Mas vou responder, mesmo assim vou responder". Anos depois, na sua famosa auto entrevista, Levrero confessaria que durante suas crises literárias aparecia-lhe em sonhos "uma figura imponente, uma espécie de mestre, grande e obscuro": O Escritor. Quando acordava, sabia que se tratava de Juan Carlos Onetti.

minha resposta imediata é que, se eles existem, os desconheço. Só posso oferecer reflexões que tangenciam o tema.

Imagino que deve existir alguma diferença essencial entre a criação de automóveis em série e, por exemplo, certas formas da literatura; talvez essa diferença esteja apenas na intenção e, por esse lado, se poderia explorar.

Que significa a palavra criação? Que os linguistas nos ajudem; eu penso em Antonio Machado[163], opinando que talvez Deus não tenha criado outra coisa que o Nada, como um quadro negro com toda a sua possibilidade de liberdade e angústia, e penso em que o *Dicionário Hispânico Universal* da editorial *Jackson* diz que a palavra "nada" provém do latim "res nata", "coisa nascida". Por outro lado, sinto-me tentado pelo jogo de palavras que não é tal: *crear*, criar, *creatura*, criatura. Criar é trazer ao mundo algo que antes não existia, ou também, e sobretudo, criá-lo, isto é, alimentá-lo, educá-lo. E dentro dessa comparação com o biológico:

1) Aquilo que "antes não estava", realmente não estava como projeto genético? e 2) não é esse "trazer ao mundo" um processo "mecânico" (ou melhor, automático)? e 3) o que "antes não estava", mas que estava de alguma maneira, não passa a se transformar em algo realmente novo ou realmente real, realmente existente, a partir desse tratamento da "criança"?[164]

---

163. Antonio Cipriano José María y Francisco de Santa Ana Machado Ruiz (1875-1939), mais conhecido como Antonio Machado, poeta modernista espanhol. [N. do R.]

164. Levrero utiliza a palavra "crianza", aparentemente no sentido de criação/cuidado de seres humanos desde a infância. Poderia ser traduzido como "criação", mas optamos por "criança" para tentar manter o jogo de palavras estabelecido. [N. do R.]

Felisberto Hernández, na explicação falsa de seus contos[165] percebe o automatismo desse processo interior no qual o escritor é somente uma espécie de jardineiro que observa, rega e poda. É possível falar de "criação" quando não é estritamente no sentido de "criança"? (Falo do projeto do homem, não de Deus). Justamente nos produtos mais autênticos, como a obra de Felisberto, vejo o resultado de um processo fisiológico do espírito, se me é permitido o disparate.

Um processo espiritual de ingestão, assimilação e excreção. É verdade que, de alguma maneira, se seleciona o que se ingere, com certa liberdade ou falta de liberdade consciente ou inconsciente, dentro das limitações daquilo que nos é dado e imposto; e também está a sensibilidade (justamente o que diferencia um escritor autêntico de outro que não o é, ou de um não escritor, o que torna possível apreciar a diferença que existe entre a fabricação de automóveis e a literatura) que permite perceber o processo, observá-lo sem distorcê-lo demais; e também está a capacidade de anotá-lo com maior ou menor fidelidade, sem deixar nada para trás, podando os brotos tortos e arrancando a erva daninha; e, ainda, a capacidade de estimular conscientemente não apenas o processo, mas também certa direção do processo automático; e a intuição para perceber quais são as melhores sementes (ou, na metáfora fisiológica, os melhores alimentos).

Depois vem o ofício, que em si mesmo não é ignóbil. Enquanto jardineiro, convém conhecer as ferramentas e o comportamento das plantas: existe uma técnica de jardinagem.

---

165. "Explicación falsa de mis cuentos" foi publicado em setembro de 1955, no número 5-6 da revista *Entregas de La Licorne*, de Montevidéu. [N. do R.]

Mas são legião aqueles que aprendem a técnica, adquirem o ofício e o manejam à vontade. Não são jardineiros. Não são criadores. Sua vontade não está a serviço das plantas.

A proposta pode parecer horrível: o escritor autêntico (o criador, em geral), um ser quase alheio a um processo automático que quase lhe é dado; o escritor de ofício (oficial, escritório[166]), exercendo quase livremente sua vontade. Mas os quase podem mudar essencialmente o sentido das coisas.

É a presença do Espírito, com o perdão da palavra, o que diferencia dois fatos aparentemente similares (dois textos com igual qualidade de ofício). Há os que inventam, isto é, descobrem, mesmo que seja a invenção da pólvora na era atômica; e há os que aprendem uma técnica e a usam, mas não podem inventar; o Espírito não pode ser copiado.

Em um Universo que mantém formuladas todas as perguntas primordiais do homem, onde o Mistério, me digam se não é assim, continua a se impor como no primeiro dia, é difícil (além de desmesuradamente pretensioso) não ser um instrumento. O criador, como jardineiro a serviço do jardim, como instrumento de um processo automático, me parece um belo instrumento. Outros instrumentos, muito bem afinados, úteis, voluntariosos, podem estar a serviço de outros interesses e, em última instância, ser definitivamente vãos. É uma questão de autenticidade. E de intenção, como dizia antes. Descubro agora que me interessam mais as intenções que os mecanismos.

Mario Levrero
Maldoror, nº 9, Montevidéu, 1973.
(Extraído de *Publicaciones Periódicas del Uruguay*. http://biblioteca.periodicas.edu.uy).

---

166. No original, "oficina". [N. do R.]

Últimas conversas com Levrero

Faz muitos anos que Mario Levrero (1940-2004) estourou a bolha de escritor *cult*, mas os achados em torno da sua criação não se esgotam. Parece incrível, mas dez anos depois de sua morte, suas duas últimas entrevistas permaneciam inéditas. E não são entrevistas menores, pois foram programadas e realizadas por iniciativa do escritor. Levrero imaginou que com elas poderia transmitir o conhecimento desenvolvido nas suas oficinas literárias e explicar, no fim das contas, seu ponto de vista sobre a arte de escrever.

Um ano antes da sua morte, em setembro de 2003, nos tempos em que escrevia aquela que seria sua última obra – *Burdeos, 1972*, romance curto publicado postumamente – Levrero se propôs a escrever um livro que recebeu o nome provisório e humorístico de "The Mario Levrero's Writing Guide For Dummies". Este guia de escrita para tolos reuniria os conselhos dados em sua oficina literária virtual, que coordenava junto com Gabriela Onetto, com quem tinha partilhado e desenvolvido essa ideia. Com um texto acessível para um público amplo, o livro comunicaria a poética de seus ensinamentos e de sua criação literária. Como a colega morava no México, o escritor convidou um aluno montevideano de suas oficinas presenciais, Christian Arán[167], para ir à sua casa e gravar suas reflexões. Seriam o ponto de partida de um projeto que, afinal, nunca terminaria.

Diante de tamanha responsabilidade, o jovem Arán hesitou e, por alguns dias permaneceu em silêncio. No dia 16 de setembro de 2003 (no mesmo dia em que colocava o ponto final na escrita de *Burdeos, 1972*) Mario Levrero enviou-lhe este e-mail:

"*Che*, se apresse com o guia para *boludos*[168], não pense tanto, porque tens que aproveitar enquanto estou no mundo tridimensional.............."

Arán aceitou, mas a tarefa se complicou por causa das festas de final de ano. Na medida que passavam as semanas, o escritor foi se fechando cada vez mais, acossado pela sensação de que seu tempo estava acabando (chegou até a sonhar com seu epitáfio e pediu que a família não o deixasse sozinho nessa data que sonhou).

As gravações foram realizadas em janeiro e fevereiro de 2004, mas nunca foram transcritas. "Sentia que era algo

---

167. Christian Arán Fernández (1975) participou das oficinas de escrita de Mario Levrero entre 2001 e 2004 e, depois da morte do escritor, também do projeto "Levrero en el país de los sueños", coordenado por Gabriela Onetto. Mais informações sobre o projeto em https://adioslevrero.wordpress.com/el-proyecto-levrero-onirico/. [N. do R.]

168. Há várias traduções possíveis para o termo. No contexto do e-mail de Levrero, algumas opções de significado são: "tolo", "idiota" ou "estúpido". [N. do R.]

de muita responsabilidade, e não me sentia capacitado", diz Arán. Em 30 de agosto de 2004, Mario Levrero chegou ao seu último dia. Dez anos depois, como se ainda tivesse algo a nos dizer, retorna nessas entrevistas.

Primeira entrevista
29 de janeiro de 2004

"A arte é hipnose. É criar uma espécie de máquina de hipnotizar outra pessoa para transmitir-lhe vivências ou experiências anímicas que não se traduzem em fatos perceptíveis."

Por que você decidiu oferecer uma oficina, estimular outros à criação?

A ideia nasceu em Buenos Aires, quando parei de trabalhar como chefe de redação de revistas de entretenimento. Tinha a necessidade de ganhar a vida e, entre outros recursos, tive a ideia de fazer uma oficina literária. Associei-me com uma amiga que era professora de Literatura[169] e que tinha qualificações acadêmicas necessárias para atrair pessoas com alguma seriedade. Preparamos umas propostas triviais, tipo oficina comum, fizemos um pouco de publicidade, conseguimos 4 ou 5 alunos e começamos a trabalhar. Logo de início fui percebendo o pouco significado que tinham essas propostas. Não tocavam nas coisas essenciais.

Quais eram essas propostas "tipo oficina comum"?

Jogos a partir da palavra: completar, seguir, imaginar, mas sempre em função da palavra e não do que há por trás dela,

---
169. Cristina Siscar.

que é a matéria-prima da literatura. Então tive a ideia de intercalar outras propostas, baseadas em experiências, como relatos que podem surgir a partir de um sonho, e logo vi que se conseguiam melhores resultados. Os textos eram mais ricos e coloridos porque as propostas eram mais mobilizadoras. Então comecei a eliminar aquelas que tinham a ver com a palavra enquanto experimentava com as outras. Tudo isso não aconteceu de repente, foi um processo.

O que se consegue trabalhando a partir de um sonho?

Os sonhos têm imaginação, estão compostos fundamentalmente por imagens, e é um dos poucos vínculos que algumas pessoas têm com o inconsciente, que é o depósito da experiência pessoal mais profunda e a matéria-prima essencial da arte, seja da literatura ou de qualquer outra disciplina artística.

A arte é...

A arte é hipnose. É criar uma espécie de máquina de hipnotizar outra pessoa para transmitir-lhe vivências ou experiências anímicas que não se traduzem em fatos perceptíveis. Escreve-se uma história e essa história é como uma armadilha que mantém o interesse do leitor para que, nesse estado, vá diminuindo os níveis críticos de sua consciência, de modo que comece a aceitar e a receber coisas que estão implícitas no texto.

Trabalhar propostas a partir da palavra dificulta o contato com o mundo interior?

Se reduz a um jogo intelectual, e você termina trabalhando com as ferramentas do eu. Perdes, assim, as ferramentas do resto do ser, que são bem mais contundentes.

E quando você recebe o texto de alguém que faz a oficina, como faz para avaliar se navegou ou não pelo inconsciente? Tem algo a ver com psicanálise?

Não, é tudo intuitivo (longo silêncio). Não sei, você percebe quando uma pessoa está falando com sua voz mais verdadeira, mais profunda. Isso mostra o estilo da pessoa. O aluno que vem pela primeira vez à oficina, geralmente chega com a ideia de escrever como se deve escrever. Todo o estilo pessoal está apagado, eliminado, e o que você recebe do aluno são penosos esforços por inserir-se em um estilo convencional que ele acredita ser o melhor, por conhecê-lo de diferentes fontes em que ele depositou sua confiança. Em algum momento de sua vida essas fontes confiáveis disseram-lhe como se deve escrever. Tudo isso deve ser destruído. É necessário fazer com que o aluno possa se expressar com sua própria voz, seu próprio estilo.

Aí então você faz uma leitura da estrutura do relato, das condicionantes psíquicas de cada um...

Não, em absoluto. Nada disso.

Não vê esses textos, por exemplo, como se fossem devoluções de uma terapia?

Não, nada a ver. Às vezes a oficina tem efeitos terapêuticos, mas são efeitos secundários não buscados. O que eu procuro é ouvir a voz verdadeira do aluno. Quando ouço que está se expressando com o estilo que lhe serve, que tem a ver com seu modo de ser, com sua forma de pensar, de sentir, e que não parece com nada que eu tenha ouvido, pronto, aí está. Não me importo com os conteúdos. O sujeito pode ter um conteúdo marxista de Karl Marx ou Groucho Marx, não interessa, em absoluto. Somos únicos e me interessa é que seja ele mesmo.

E como você pode convencer outra pessoa de que essa é a voz dela? Por que às vezes, quando alguém lê na oficina, não parece notar a diferença.

Ninguém se dá conta. Nem quem escuta. Tanto quando leem como quando escutam, as pessoas prestam muita atenção no conteúdo. Julgam um texto pelo conteúdo. Às vezes até pelos sons, pela combinação de palavras. Quando alguém diz "gostei muito do seu texto nessa parte" quer dizer que o texto, no conjunto, não está bem, por isso destaca algo que sobressaiu, algo que saiu de forma especialmente afortunada, então resgata "pelo menos" isso. As pessoas ainda estão muito fechadas nos argumentos, às vezes nas combinações afortunadas de palavras, inclusive nas engenhosidades, que não têm nada a ver com literatura. A única coisa que importa na literatura é o estilo. Uma vez que isso for alcançado, é possível dizer o que quiser. Aquilo que você escrever vai ajustar-se com o que quiser expressar. Pode ser desagradável, ou nada edificante, mas esse é você, um ser único. É impossível alcançar o estilo pessoal com especialização, ofício, não há ofício que possa consegui-lo.

É a partir do estilo pessoal que se consegue a hipnose da arte?

De certo modo sim, porque... esclareço que isso de hipnose da arte não é uma ideia minha, é do livro *Psicoanálisis del arte*, de Charles Baudouin. Esse autor ainda vai além, ele diz, por exemplo, que quando você olha um quadro, suas formas obrigam os olhos a fazer um caminho preestabelecido. Os olhos se mexem e seguem uma série de linhas e cores, e, sem que você perceba, começa a provocar um pequeno transe. E nesse transe você começa a receber algo que não está no quadro, mas na alma do artista. Ou seja, a hipnose permite transmitir o conteúdo de uma alma a outra alma, para além do tema do quadro. O tema pode ser um sapato velho ou uma vaca pastando, mas certa combinação de planos, linhas e cores, formada pelo estilo pessoal, mais a técnica autêntica do autor, submerge você em um percurso que provoca um transe. Seguindo com a sua pergunta, tenho a impressão de que se o texto é narrado com o estilo pessoal, você entra, inevitavelmente, nesse tipo de transe, que não é o transe habitual de ficar adormecido. Embora uma vez tenha pegado no sono com os relatos de Mónica, dormi e até ronquei (risos), mas depois pude comentar todas as passagens. Geralmente não é esse tipo de transe.

Te transporta? Faz imaginar o que está escutando?

Não. É uma captação especial. O transe também acontece quando você lê sem ninguém falar... Vejamos, há uma ideia contemporânea de transe segundo a qual qualquer forma de concentração é um transe. Se você está estudando concentrado, então já entra em certo tipo de transe. Mas existe um tipo de transe especificamente artístico, literário, pictórico, que tem por finalidade suprimir a crítica intelectual.

Quando você acredita que a história que está lendo acontece na realidade, já está em transe. A obra prende sua atenção de tal forma que o autor, não se sabe bem como, digamos que de forma oculta, transmite conteúdo de sua alma que não é possível ver na obra, porque não está lá, ao menos não explicitamente. O que você obtém de uma experiência artística, seja com um quadro, com um livro etc., é algo que não está à vista. Eu capto muito dos alunos através de seus textos porque procuro captar o aluno na sua totalidade, não pelo que está dizendo, que não me interessa, mas por uma série de pequenas coisas que formam um todo que é ele, o aluno. Seus gestos, sua voz, tudo. Dá para entender? Então, coloquemos um exemplo: às vezes você sonha com uma pessoa e quando acorda percebe que o aspecto que ela tinha no sonho não correspondia à realidade. Aparecia com a cara de outro, ou como qualquer outra coisa, mas você, de alguma forma, sabia que era essa pessoa, e não outra. Não acontece com você?

Não.

Há elementos invisíveis, esquivos, em uma pessoa, que compõem seu ser. É o que aparece quando em um sonho você diz "esse sentimento é fulano". Sabe que é ele, mas não sabe por quê. A imagem não corresponde, nada corresponde, mas mesmo assim você sabe que é essa pessoa. Esses elementos intangíveis não têm forma fixa de expressão convencional e se captam inconscientemente nos estados de transe ou nos sonhos. Isto é, nos estados que não estão supervisionados pelo eu, quando se suspendeu a função crítica do intelecto.

O objetivo da sua oficina seria que uma pessoa escrevesse a partir da sua voz interior...

Claro. Que o aluno seja o que é.

Mas não precisa de outras coisas? Não há questões técnicas de equilíbrio, balanço, proporção?

Todas essas medidas foram inventadas a posteriori por críticos. Primeiro está a obra, depois vem a análise dos recursos, das técnicas, e disso e daquilo... o artista não tem que pensar nisso. O artista tem que pensar naquilo que sente e naquilo que está vendo na sua mente e colocá-lo. Isso já tem um equilíbrio próprio, um equilíbrio artístico que não pode ser construído com técnicas. Talvez possa ocorrer de outra forma no cinema, porque é uma obra de muitas pessoas e talvez essa energia, que é o estilo pessoal, fique um pouco diluída. Mas sempre há algum artista que consegue se destacar.

Então, essa força que produz a hipnose da arte, pode ser alcançada por meios técnicos?

Evidentemente é possível. Você pode conseguir prender a atenção e alcançar uma forte concentração de quem recebe a mensagem, seja ela pictórica, literária, por meios exclusivamente técnicos, sem pôr em jogo nada pessoal. Há obras exclusivamente intelectuais que também prendem, encantam... mas não sei direito o que permanece no final disso tudo. A minha tendência é pensar que não sobra muito, ao menos não como memória pessoal. São apenas pequenos transes que conseguem captar a atenção do leitor sem modificá-lo interiormente.

Esta entrevista foi publicada na revista chilena *The Clinic* (1 de outubro de 2014), na *Revista Ñ* do jornal argentino *Clarín* (5 de dezembro de 2014) e no semanário uruguaio *Brecha* (30 de janeiro de 2015).

Segunda Entrevista
19 de fevereiro de 2004

"Escrever, para mim, é um diálogo comigo mesmo, uma forma de me conectar com um ser interior. Isso é o que mais me interessa, porque ao colocar as coisas por escrito, vai surgindo uma informação que eu não sabia que existia."

A segunda das entrevistas realizadas por Christian Arán com Mario Levrero também foi realizada no apartamento do escritor, no dia 19 de fevereiro de 2004, e permaneceu inédita durante doze anos (foi publicada na *Revista Ñ*, do jornal *Clarín*, em 20 de outubro de 2016).

Alguma vez você escreveu sobre o processo inicial de formação como escritor? Em O romance luminoso?

Não lembro, pode ser que tenha algo sobre isso, sim. Foi um processo muito complexo, não é tão simples como tenho contado. Tem milhões de idas e voltas, milhares de pontas pra cá e pra lá que não é possível resumir em uma entrevista. Também não é possível sintetizar em uma frase ou em um parágrafo...

Tenho muitas fitas para gravar...

Você tem fitas mas eu não tenho a memória suficiente para recriar bem toda essa época.

Foi muito traumática essa época? Conflitiva, depressiva?

Teve de tudo. Conflitos, angústia, depressão.

Isso aconteceu até você aceitar que seria escritor?

Atenuou-se muito quando aceitei, sim. Além disso, a idade e o tempo ajudam.

Você morava sozinho nessa época?

Por algum tempo sim, por algum tempo não. Ao falar de "essa época" estamos falando de muitos anos.

Dos seus 20 anos.

Dos 26 até agora...[170]

E pra ganhar o pão, como se arranjava? Coisas como "tenho uma família que devo alimentar". Precisa de coragem para apostar a vida em ser escritor.

Na verdade, precisa ser totalmente inconsciente.

O que você precisava para o dia-a-dia, como o conseguia? Ou não pensava nisso?

Realizava diferentes atividades.

---

170. Nesse momento Levrero tinha 64 anos.

Vinculadas com a criação? Ou sacrificava isso fazendo algo para ganhar dinheiro?

Aconteceu uma série de circunstâncias muito longa para detalhar, mas durante muitos anos estive à beira de ser despejado do apartamento em que morava. Isso, que soa muito dramático, se traduz no fato de que eu pagava um aluguel muito, mas muito baixo. Por outro lado, eu tinha uma livraria de livros velhos e usados e, quando a fechei, vieram umas pessoas querendo alugar. Aluguei, e eles pagavam muito bem (por contrato, eu tinha direito a sublocar). Isso durou alguns anos e me deu certa estabilidade econômica. Por outro lado, não tinha nem tenho grandes despesas, porque não me interessa adquirir muitas coisas, apenas o imprescindível, e, às vezes, menos do que isso. Por exemplo, naquele tempo vivia sem geladeira. Era bom porque tinha que sair para comprar carne todos os dias e isso me obrigava a caminhar, que é um bom exercício. Ou seja, a minha situação econômica era equilibrada, mas com um equilíbrio à beira do abismo. Quando surgia um imprevisto a coisa realmente ficava complicada. Houve temporadas em que ficava sem dinheiro e tinha que pedir emprestado a amigos para pagar a luz. Durante um tempo ofereci aulas particulares.

Aulas de quê?

De qualquer coisa.

Por exemplo...

De coisas que não sabia. Por exemplo, Cosmografia, não sei nada disso (risos). Agora chamam de Astronomia, mas naquele tempo chamavam Cosmografia. Se existe um tema que ignoro é esse, mas vinha um aluno e me falava "tenho que fazer uma prova de Cosmografia". "Bom", respondia eu, "traga o livro e veremos o que é isso". Quando ele chegava, eu fazia perguntas seguindo o livro e quando ele se complicava, analisávamos a resposta juntos. "Vamos ver", falava eu, "por que você se complica com isso". Estudávamos a dificuldade, onde estava a origem dela. Quando achávamos, resolvíamos e ele passava na prova. Eu não teria conseguido passar, mas ele sim.

E você lia o livro antes?

Não, nunca.

E de onde saiam os estudantes?

Alguém mandava. Sei lá. Quando você se mexe em certos planos espirituais, se estiver concentrado em algo do espírito, você entra em contato com uma parte sua que está mais acima do resto. A partir desse lugar percebe-se muitas coisas, não conscientemente, claro, mas o inconsciente recebe muita informação. Então, muitas coisas parecem ser resolvidas magicamente. Você precisa de algo e esse algo aparece. Por exemplo, se algumas vezes eu ficava sem dinheiro, aparecia justamente uma aluna que queria pagar, bem nesse momento em que eu precisava. A coisa é assim: quando você se preocupa muito em como resolver uma situação, o que faz, na verdade, é frear as soluções que já estão implícitas nessa mesma situação. Essas soluções já foram percebidas pelo inconsciente, que tem muito mais recursos para aplicá-las. O inconsciente percebe essas soluções, as comunica, mexe aqui, mexe lá, e produz resultados, sejam eles econômicos ou de qualquer outro tipo. Vou dar um exemplo clássico: eu começo a me preocupar com um assunto, por algum aspecto do universo, ou outra coisa; passam alguns dias e alguém me traz um livro sobre esse assunto que estou analisando. Ou vou na livraria de usados e encontro um livro que não sabia que existia, mas que trata exatamente disso. É como se as coisas fossem caindo nas suas mãos quando você precisa. Não como uma grande Cornucópia que oferece a você todos os luxos e prazeres, mas algo que oferece o imprescindível para esse momento. Se for pelo outro caminho, o de tratar de prever tudo, de obter tudo atuando logicamente, com a força da vontade e sob seu controle, vai precisar de organização, criar uma grande empresa e tudo mais, e, no fim, você vai perder a alma. Você se enche de prata, se cerca de objetos inúteis, começa a ficar rodeado de pessoas que não servem para nada e, no fim, vê que toda a sua vida foi um esforço inútil.

Eu sinto que há uma força que está em mim e no Universo, que se comunica minimamente e que me ajuda nos momentos de dificuldade.

Sentia isso naquela época?

Sentia e sinto agora.

Estruturado de forma sistemática?

Falo a partir da experiência, com a perspectiva dos anos e do tempo transcorrido.

E não lhe gerava ansiedade pensar que, em algum momento, isso poderia parar de funcionar?

Muitíssima. Muitíssima ansiedade. Sempre senti, e continuo sentindo medo. Não acredito nessas coisas, pelo contrário. Não tenho uma fé que me respalde ou uma ideologia. Nada que o sustente. Somente explico para você aquilo que vi por meio da experiência vivida ao longo dos anos. Na religião católica chamam de Providência. Acho que essa Providência existe, esteja fora de você ou não. Com certeza está no inconsciente. Algo atento às necessidades, quando são necessidades realmente vitais, não luxos nem teimosias, disposto a satisfazê-las harmonicamente.

Há pouco você disse que não tinha geladeira e que era bom porque te fazia caminhar para comprar carne. Nessa época, ficava confinado por alguma questão criativa?

Não, agora fico bem mais confinado. Fiquei muito fóbico. Naquele tempo caminhava muito e por todos lados. Muitíssimo em Piriápolis e também em Montevidéu. Um passeio quase regular era ir da rua Soriano e Rio Branco até o Obelisco, ida e volta pela 18 de Julio.

Olhando para dentro de si ou para o exterior?

Dentro e fora. É o jeito de olhar do introvertido, sempre passa tudo por dentro antes de assimilar. Antes de chegar ao cérebro, à parte intelectual, há muitas sensações que se processam por dentro. Por isso sou bastante distraído... se dirigisse um carro, já teria batido mil vezes. É por isso que nunca aprendi a dirigir, por uma saúde instintiva. (Silêncio) Sim, uma saúde instintiva. Vou caminhando, vendo coisas diferentes e, de repente, alguma cor chama minha atenção e fico olhando. Pode ser um cartaz qualquer, mas vou compondo, como que situando isso em um contexto harmonioso. Ordenando o mundo de forma estética. É um trabalho contínuo, sem fim, mas muito divertido.

E nessa tarefa, as pessoas incomodam ou contribuem?

Nunca procurei nada, nem ninguém, isso que é interessante. As pessoas aparecem sozinhas. Imagino que depois acontece uma seleção espontânea, fico com esse e não com esse outro. Durante um certo tempo, minha casa ficava totalmente aberta, chegava todo mundo e todo mundo passava. Uma vez, em um ataque de desespero, expulsei umas doze pessoas, e conhecia apenas quatro delas. Quando começou a ditadura e a coisa ficou feia, tive que começar a fechar a porta. Atualmente tenho dosado muito as visitas, sobretudo por problemas com o sono. O meu tempo de vigília está muito limitado pelos transtornos de sono.

Você está dormindo muitas horas?

Eu diria que em horários inadequados. Algumas vezes vou deitar às 8 da manhã, então o tempo útil de vigília para socializar fica restrito. É muito pouco porque vivo muito de madrugada, quando as pessoas dormem. Por isso preciso regulamentar o fluxo das visitas. Além disso, as reuniões com muitas pessoas me incomodam porque não têm profundidade, é impossível ter um diálogo profundo. Por isso procuro me reunir com uma pessoa de cada vez. Isso permite um diálogo de alma a alma. Se não, tudo é muito superficial.

Portanto, quando você era jovem, a sua casa era ponto de encontro de muita gente.

Sim, tocava a campainha e eu abria a porta. Tocava o telefone e eu atendia. Não havia secretária eletrônica naquela época.

De que idade estamos falando?

De 25, 26 anos.

E como era um dia típico naquela época?

É difícil dizer. Esquematicamente, pela manhã era responder cartas, de tarde, fazer as compras, de noite, caminhar bastante pela cidade...

Onde você morava?

Na rua Soriano[171] com a rua Rio Branco. Morei lá desde os oito anos.

E o que significava Piriápolis[172]? Férias?

Não era bem isso, como eu não trabalho, não tenho férias. Passava períodos, um final de semana, uma semana, um mês, três meses, até ficar entediado com o lugar. Às vezes também me chamavam de Montevidéu e eu precisava voltar.

Em que momento você descobriu Piriápolis?

Não lembro, tinha pouco mais de 20 anos quando meus pais alugaram uma pequena casa lá, para passar o verão, mas pagaram por ela o ano todo. Um dia cansei de trabalhar na livraria e larguei tudo. Fui para aquela casa em pleno inverno. Lá fiz

---

171. Número 936 bis.
172. Cidade no litoral, a 100 km de Montevidéu.

amizades, como o Tola (Invernizzi), um pintor, um artista que me impulsionou na literatura. Era uma espécie de cacique, ou caudilho de Piriápolis, um sujeito extraordinário. Assim, em determinado momento passei a ter dois lugares para viver: Piriápolis e Montevidéu, cada um com suas características, atendendo, cada um, a determinadas necessidades.

Você tinha amigos escritores? Quando tinha a livraria, já escrevia?

Não, isso foi depois. No início não tinha amigos escritores, depois foram aparecendo.

Você era leitor quando era jovem?

Sim, quando menino. Sobretudo de romances policiais, desde os dez, doze anos.

Na sua casa as pessoas liam, tinham biblioteca?

Muito poucos livros. Acho que a minha mãe me incentivava um pouco, tenho que agradecer a ela por me fazer descobrir Sherlock Holmes, por exemplo. Outro fator muito importante era a curiosidade. Continuo sendo um leitor insaciavelmente curioso.

Quando jovem, você tinha alguma ideia do que seria a sua vida? Nunca pensou "vou fazer tal coisa em tal momento" e depois outra…

Não. Nunca tive o que os psiquiatras chamam de projeção de futuro. Não sei, às vezes consigo prever o dia de amanhã, e olhe lá. Não sou ambicioso.

E a morte, a ideia da morte, não torturava você quando jovem?

Desde sempre. Desde menino.

Era a única coisa que você via à frente, a única coisa que sabia do futuro?

Sim.

Desde menino.

Sim, a única coisa certa.

Se quiser, podemos apagar isso depois, mas quero dizer que dá para perceber que você não é ambicioso. É das coisas mais bonitas da sua literatura.

E por que vai apagar?

Ehh... porque é uma bobagem (risos).

Há muita bobagem gravada aqui... (risos). Mas, falando sério, não vamos nos enganar: não sou ambicioso porque sou demasiado ambicioso.

Arruinou minha teoria (risos).

Sou um sujeito insaciável. Se eu desse vazão àquilo que é minha tendência natural, seria alguém terrível, inimaginavelmente ambicioso.

Insaciável em que sentido, como Napoleão?

Em qualquer sentido. Em tudo, qualquer coisa horrível que você imaginar. Acho que logo cedo comecei a criar defesas porque via que minhas ambições, além de inalcançáveis, eram praticamente totais. Abrangiam o Universo.

Por exemplo?

Por exemplo, a livraria. Estava sempre insatisfeito com ela. Percebia que havia outras melhores e eu queria ter a melhor de todas, mas na verdade não apenas não era a melhor como era o contrário, era uma merda. Fazer o quê? Mas sempre lutava por melhorá-la. Por exemplo, inventava coisas para aumentar o lucro... Tudo isso era inútil e, além do mais, não tinha motivo, já que eu não me interessava muito pelo dinheiro. Quando percebi essa tendência da minha personalidade, comecei a ir para o lado contrário: se não posso ter tudo, então não quero ter nada. É mais realista.

Um pouco extremista também.

Sim. Por isso comecei a perder muitas coisas valiosas. Simplesmente perdia, ou emprestava e nunca eram devolvidas. Tudo que você possa imaginar: câmera fotográfica, filmadora, coleções inteiras de discos, bibliotecas.

Por não serem as melhores?

Não, por uma atitude de desapego. Se um relacionamento amoroso terminava e eu me separava, por exemplo, não levava nada, exceto uma sacolinha com minhas cuecas. Todas as minhas coisas ficavam. Quando me mudava para outro país, era igual: deixava as coisas, abandonava. Algumas eu recuperava, mas a grande maioria se perdia para sempre.

Você pensa que essa atitude vem da ambição extrema por ter tudo?

Sua origem é essa, sim. Todo esse desapego vem disso.

E com a escrita, é igualmente ambicioso? Você se propõe a fazer o melhor livro, ser o melhor escritor?

Não, se pensasse assim não escreveria. Teria um bloqueio.

Há muitos escritores que pensam isso...

Sim, mas também estão assim. Escrever, para mim, é um diálogo comigo mesmo, uma forma de me conectar com um ser interior. É o que mais me interessa, porque quando coloco as coisas por escrito vai surgindo uma informação que eu não sabia que existia. Depois, ao ler e meditar sobre ela, a assimilo, começo a torná-la minha. Vou me conhecendo mais e melhor. Isto é, vou alargando meu ser. Os relatos, os romances, são como uma atualização de mim mesmo. Eu não tenho uma percepção refinada de mim, não me percebo muito profundamente, nem me conheço naturalmente, nunca sei direito onde estou, nem o que sou, nem quem sou. Ao escrever, vou incorporando toda essa informação. O processo de escrever me forma até como pessoa. Vou criando a mim mesmo em cima disso que sai da ponta dos dedos. Uma informação que não sei de onde vem, mas que sai através dos dedos, pressionando teclas. Somente então, quando vejo o que foi escrito, posso assimilar essa informação. Dito de outra forma, escrever, para mim, é uma forma trabalhosa e complicada de criar consciência.

Então você relê seus livros, é um bom leitor de si mesmo?

Às vezes sim, mas não muito, não é necessário. É no momento da criação literária que se produz o fenômeno de criação de consciência.

Na sua experiência pessoal... o mundo criativo não está um pouco prostituído?

No início eu tinha a ideia ingênua que todo mundo tem sobre o processo editorial, a ideia de que é um processo sério e sólido. Depois, quando comecei a publicar, fui lentamente percebendo que não era assim. Concursos fraudulentos, júris acomodatícios, editoriais que roubam, onde nunca conta o mérito artístico ou o valor intrínseco da obra, etcétera. Nada era sério. Tudo, absolutamente, uma fraude, um jogo entre econômico e político. Quando vi como era a coisa eu disse "bom, esse mundo não é para mim" e me afastei. Mas é verdade que em algum momento, no começo, vi tudo com ingenuidade, como se o processo realmente fosse uma coisa importante, e não é, nem um pouco.

Esse deslumbramento durou muito? Passaram anos depois da primeira publicação para você percebê-lo?

Não, foi bastante rápido.

As pessoas podem se perder com isso?

Todos se perdem.

Mario Levrero

Mario Levrero (Jorge Mario Varlotta Levrero) nasceu em 23 de janeiro de 1940, em Montevidéu, e faleceu nessa mesma cidade, em 30 de agosto de 2004.

Passou quase toda sua vida no Uruguai, em Montevidéu, Piriápolis e Colônia de Sacramento, mas também viveu em Buenos Aires e, brevemente, em Burdeos (França). Foi livreiro, fotógrafo, humorista, redator-chefe de revistas de entretenimento e colaborador em publicações de ficção científica. Em seus últimos anos orientou oficinas literárias, tanto presenciais quanto virtuais.

No ano 2000, recebeu uma bolsa da Fundação Guggenheim para escrever uma obra de ficção; a bolsa funciona como um dos pretextos cômicos do longuíssimo prólogo do seu romance póstumo *O romance luminoso* (2005).

Publicou também outros romances como *La ciudad* (1970), *París* (1979) e *El lugar* (1984), que ele chamou de sua "trilogia involuntária", *Dejen todo em mis manos* (1994),

El alma de Gardel (1996) e *El discurso vacío* (1996). Foi um assíduo escritor de *nouvelles* ou relatos longos como *Nick Carter se divierte mientras el lector es asesinado y yo agonizo* (folhetim paródico assinado inicialmente por Jorge Varlotta, em 1975), *Fauna* e *Desplazamientos* (publicados juntos em 1987), *La Banda del Ciempiés* e *Burdeos, 1973* (publicados postumamente em 2010 e 2013, respectivamente).

Também escreveu livros de contos como *La máquina de pensar en Gladys* (1970), *Todo el tiempo* (1982), *Aguas salobres* (1983), *Los muertos* (1986), *Espacios libres* (1987), *El portero y el otro* (1992), *Ya que estamos* (2002) e *Los carros de fuego* (2003).

Uma seleção de artigos de imprensa da sua coluna jornalística "Irrupciones", que escreveu entre 1996 e 1998, foi publicada em dois volumes sob esse mesmo título, *Irrupciones* (2001) e, posteriormente, reeditados em um volume (com textos selecionados, em 2007, e com todos os textos e prólogo de Felipe Polleri, em 2013).

Também foi autor do *Manual de parapsicología* (1980, reeditado no Uruguai em 2010), apresentado como um livro de divulgação científica, e dos roteiros, assinados como Jorge Varlotta, das histórias em quadrinhos *Santo varón* (1986) e *Los profesionales* (1988), ambos com desenhos do argentino Lizán.

A descoberta internacional deu início a um processo de reedição de toda sua obra, ainda não finalizado.

Na orelha de um dos seus livros, diz (e concordamos): "Leitor contumaz e amante dos jogos de lógica, dos labirintos, da literatura policial, da ficção científica e da parapsicologia, o universo ficcional de Mario Levrero é uma complexa mistura desses e de outros elementos, em uma obra que reflete os recantos mais insólitos do mais estranho e apaixonante dos labirintos: ele mesmo".

Este livro foi composto com fonte tipográfica Cardo 11pt e impresso sob papel pólen natural 80g/m² pela gráfica Evangraf para a Coragem no outono de 2024, em homenagem aos vinte anos do falecimento de Mario Levrero.